# 輪行で行こう！

## 自転車と一緒にもっと遠くへ旅する

文・写真
大前 仁

Temjin

## 輪行サイクリングの楽しみ

自転車の旅は楽しい。
歩く旅より楽なのは自転車という道具のおかげだ。
下り坂はもちろん、
平らな道でさえペダルを止めてもしばらく進んでくれる。
そうやって10㎞、20㎞と走って、
いつの間にか遠くに来てしまうから、
ちゃんと時計を見ないと日暮れまでに戻れなくなる。
それに加えて鉄道は、
自転車より格段に速いスピードで、

僕らをはるか遠くまで連れていってくれるから、
鉄道と自転車を組み合わせるというのは、
先人たちの素晴らしい発見だ。
遠いところまで行ってのんびり自転車を漕ぐ、
夢のような旅が可能なのだ。
日本においては、
軽井沢や野辺山など観光地でのレンタサイクルが知られていたが、
自転車を趣味とする人々は愛車を分解し、
自分の好きな地域を、好きな方角へ、思う存分楽しんできた。
自分たちの趣味を楽しむだけでなく、
皆さんにこれを楽しんでほしい。
そんな気持ちで今回、８つの旅に出かけ、本書を執筆した。

# 輪行で行こう！　自転車と一緒にもっと遠くへ旅する――目次


輪行サイクリングの楽しみ……2

輪行サイクリングの旅 1

奥多摩駅から松姫峠越え……9

輪行サイクリングの知識と基礎 1

輪行の歴史……24

輪行サイクリングの旅2
津軽半島……31
輪行サイクリングの知識と基礎2
地図と時刻表で計画を立てる……52
輪行サイクリングの知識と基礎3
服装と装備、そして自転車……60
輪行サイクリングの旅3
しまなみ海道とゆめしま海道……71
輪行サイクリングの知識と基礎4
東京起点の鉄道利用ケーススタディ……92
輪行サイクリングの旅4
古峯神社から足尾銅山……97

輪行サイクリングの知識と基礎5
自転車を分解収納する……112
輪行サイクリングの知識と基礎6
ロードバイクの輪行……114
輪行サイクリングの知識と基礎7
ディスクブレーキのロードバイクの輪行……122
輪行サイクリングの旅5
秩父から太田部峠を経て法久……125
輪行サイクリングの知識と基礎8
ランドナーの輪行（アルプス式）……140
輪行サイクリングの旅6
高浜からつくばりんりんロード……149

輪行サイクリングの知識と基礎 9
折りたたみ小径車の輪行 …… 164

輪行サイクリングの旅 7
はこね金太郎ラインから大観山 …… 167

輪行サイクリングの知識と基礎 10
輪行袋を活用する …… 180

輪行サイクリングの旅 8
飛行機輪行で知床半島 …… 193

輪行サイクリングの知識と基礎 11
鉄道以外を利用した輪行 …… 214

あとがきと思えば下北半島 …… 219

松姫峠小菅村側の峠道。台風のあとで木の葉や小枝が散らばり楽しい

輪行サイクリングの旅

1

# 奥多摩駅から松姫峠越え

青梅線の終着駅・奥多摩から県境を越えて山梨県小菅村へ。
越すに越されぬ松姫峠をつめ上がったのちに、
一気に南下して中央本線大月駅を目指す

〈行程〉
JR青梅線奥多摩駅－小河内ダム－小菅村－松姫峠（往復）－猿橋－JR中央本線大月駅

〈走行距離〉
63km

ＪＲ青梅《おうめ》線の終着駅である奥多摩駅は、その名の通り奥多摩の山々への玄関口として知られている。そもそも青梅駅で中央線から乗り換えてくると、ホームには山小屋風の待合室があって、界隈の案内パンフレットが置かれていたりして、「山に行くよ！」的な気分が醸成される仕組みだ。

平日なのにリュックサック姿の人たちがたくさん乗っていて、駅を出ると三々五々、バスに乗ったり迎えのクルマに乗ってどこかへ出かけていった。自転車を担いで降りたのは僕ひとりである。

若い男の子がふたり、駅前に立っていて、そこにタクシーで女の子が登場した。どんなストーリーかは知らないが、おそらく電車に乗り遅れたのでタクシーで来たのであろう。どこから乗ってきて、いくらかかったかは知らない。

さてと。さほど急ぐ旅ではないので、まずは近所を散策する。自転車を組み立ててからだと盗難の心配があるけど、組み立てる前の自転車を輪行袋ごとかっぱらおうなんて輩はそうそういないはずだ。

駅前にはコンビニ的なものは存在しないが、登山に行く人たちはそもそもちゃんと準備をしてくるのだろうし、バスの時刻は電車に合わせてあるから、買い物の時間もないのかもしれない。むしろ下山してきてからの飲食店のほうが重要なのだろう、何軒かの看板を見ることができる。自転車仲間から「天益《てんます》」というお店の評判を聞くことが多いが、僕は残念ながら入ったことがない。それどころか奥多摩駅に降りてみて、ここにこの前いつ来たのか思い出せない体たらくだ。

左に見えている路地を進むとだし巻き玉子専門のお店があるが、残念ながらまだ開いていない。手前にある公衆トイレはふたりの若者が掃除に入っていて、彼らのものらしい軽自動車が近くに駐めてある。そこには「日本一観光用公衆トイレがきれいなまち」と書かれている。これはなんだ？

トイレに入ってみると彼らは小さいボリュームでラジカセをかけながら、ていねいにトイレを掃除していた。ここはキレイ！　お世辞じゃなく高級ホテルかと思うほどキレイなトイレだ。設備は華美ではないが、トイレ臭さのまるでない、素敵なトイレだ。彼らはＯ《オ》Ｐ《ピ》Ｔ《ト》、オクタマピカピカトイレという集団なのだそうだ。

自転車を組み立ててからまたトイレに行ってボトル

JR奥多摩駅。2階はカフェになっているが、この日はまだ開いていなかった

に水をくむ。今日は舗装路だけのサイクリングなので26×1-3/8、いわゆるハチサンタイヤの快走ランドナーだ。そして、トンネルが多いコースのため、フロントキャリアに固定してあるライトは走りながらオンオフするつもりだ。

走り出す。駅前を左に、すぐ国道411号線に出て右折。標識には甲府、奥多摩湖と書いてある。日原《にっぱら》川を渡ると道の左右に、旅館や洋服屋、小ぶりなコンビニなどがあって、日本山岳会東京多摩支部の看板を出した建物もある。郵便局、そして消防署を過ぎると建物は少し減り、道は緩く上り始めた。駅前をトンネルでショートカットした道が左から合流してくる。地元の人のクルマが多い印象だ。

平日のサイクリングのメリットはもちろん観光地の混雑回避だが、デメリットもあって、一緒に行ってくれる友達が少ないことを筆頭に、道路沿いの食堂が休みの可能性が高いことや、道路工事に行き遭う確率が高いことが挙げられる。行くと決めた日の天気が選べないのは、土日が休みの人も平日が定休日の人も変わりはない。

道は緩い上り坂で、奥多摩駅から小河内《おごうち》ダムまでに

200m近く上るはずだ。そこそこ交通量が多く、トンネルも多いとなれば、さほど快適な道とはいえない。途中から左下に細い道が見えていて、ああそういえばここには「奥多摩むかし道」と呼ばれる旧街道があったことを思い出す。あちらの道のほうが日当たりがよくて走りやすそうだ。ちゃんと調べてくればよかった。

小河内ダムが近づくと、今度は廃線跡の橋梁が国道と交差する。こちらは小河内線とか水根《みずね》貨物線と呼ばれているもので、公式には歩いていいとは言われていないと思う。思うが、廃線跡のもつ独特の雰囲気はとても魅力的で、ついつい自転車を伴って辿りたくなってしまうが、むかし道とともに今回はパスしておく。

奥多摩駅から30分ほどで小河内ダムに着いた。ここでようやく、持ってきたおにぎりをほおばる。少し離れたベンチに、ロードバイクに乗ってきた女性が座った。「今日はどこまで行くんですか?」と、若いころなら話しかけたかもしれない。

奥多摩湖の北岸をうねうねと走る。何軒か食堂らしきものがあるが、まだ10時だから開いていない。峰谷《みねだに》橋を過ぎたところでドラム缶橋を見る。昔は本当にドラム缶に板を載せた橋だったと記憶しているが、今は立派な浮き橋になっている。

深山《みやま》橋のところで、直進は国道411号線を経て甲府、塩山と書かれている。左折は国道139号線となって大月、小菅《こすげ》へ向かう。ここを左折して橋を渡った。奥多摩周遊道路を下ってきたと思われるオートバイに何台かすれ違う。

## 県境を越えて小菅村へ

道はやがて東京都と山梨県の県境を越えて小菅村に入った。山梨県に入ったのだが、東京都水道局のクルマを何台も見る。そう、多摩川上流にあたるこの地域には東京都の水源林があるので、そのお仕事のクルマなのだ。お仕事ご苦労さまです、平日だものね。

金風呂《かなぶろ》の集落を過ぎてひと上りさせられ余沢《よさわ》の集落に入ると、「手づくりチャーちゃんまんじゅう」が目に入った。今日目指す松姫《まつひめ》峠へはここから標高差が700mくらいあるが、予定としてはお昼ごろに上り着き、下りでどこかの食堂に飛び込む予定だ。

予定はそうなのだが、実は今日の下りではまったく食べ物にありつけない気がうっすらとしていて、ここ

▲国道411号線が水根貨物線跡の橋梁をくぐる

▼奥多摩湖畔で休憩。このダム湖は1957（昭和32）年に完成した

はひとつチャーちゃんまんじゅうを買っていったほうが正しいように思え、通り過ぎてからUターンしてお店のなかに声をかけた。

あんこの入ったチャーちゃんまんじゅうは1個160円。僕が自転車で来たと知ったお母さんは、梅干しを出して「汗かくだろう、よかったらどうぞ」。ありがたく頂戴して口に放り込み、ランドナーにまたがった。

このときお店の手前に「左、村道・長作《ちょうさく》、上野原」とあったのを見落として進んだので、まんまと小菅村の中心部へ入ってしまう。中心部といってもコンビニやスーパーの類いはない。この村からは最寄りのスーパーや薬局までクルマで30分はかかるという。いや、30分行けば本当にあるのか？　奥多摩駅方面に向かうより、松姫トンネルを抜けて大月方面のほうが近そうだ。

この小菅村、一説には移住者が急増していたり、「700人の村がひとつのホテルに」を合言葉に、村内の活性化を図っているのだそうだ。目立つ建物といえば村営釣り場の管理棟や村役場くらいのこの村が？　ふ～ん、と思いながら村役場前を左折、松姫峠へ向かう。ちょうど、移動スーパーが音楽を鳴らしてすれ違っていった。

小菅川を渡るとすぐに上り坂が始まる。ひと上りすると村の中心部を左に見下ろし、さらに進むと「小菅の湯」を併設する道の駅「こすげ」への分岐だ。

しかしサイクリストにはこの温泉の立地がよくない。国道から距離にして400m、標高差で30m「も」上るのである。これから峠を上る身としては、いったん道の駅まで上ってそれをまた下ってくるのは、どうしても損な気がしてしまう。食事や買い物目的なら、この道の駅が間違いなく小菅村一の場所だと思うが、今日はやめておく。30m上るのがイヤだ。

そのすぐ先、道路の左側に木造の住宅がお揃いのデザインで何軒も連なっていた。村営住宅だろうか？　移住してくる人はこういう家を紹介されるのかな、なんだかいい感じである。ついカメラを向けたくなる。

道路右手、今度はスタッフがお客さんを見送っている前を通った。「NIPPONIA」とノレンが下がっている。おお、ここがあの噂の。築150年の古民家を改修したホテル、村で作られた材料を生かした食事など、「その土地を尊重したエリアマネジメント、

小菅村井狩の村営住宅

余沢にある手づくりチャーちゃんまんじゅう。あんこのほかにねぎみそや高菜などもある

持続可能なビジネス（NIPPONIAのウェブサイトより）」という方向性の、この宿のことだ。

僕は昔から、古びた宿に泊まることを喜びとしていたし、その土地のものが夕食に出るのがうれしかった。でも、山奥の小さな宿はおもてなしと思ってマグロの刺身を出してくれたりして、そのギャップを悲しく思っていたのだ。

今やっと、その土地ごとのよさをしっかりアピールする宿が増えてきているようで、もちろんそれなりの料金設定ではあるけれど、それはそれで素敵なことだと思う。

## 松姫峠の現在

右折すると白沢、という道標が出た。それは僕が持っていった5万分の1地形図「丹波《たば》」とは違っていて、地図上はこの先で左折なのでちょっと面食らった。

しかし答えは簡単で、少し進むと先ほど右に分かれた道が今進んでいる道と立体交差して、左に下っていくのだった。地図の表記の誤りか、それとも縮尺上、収めきれずに省略されたか、それとも地図発行時点（平成11年修正版）以降の変化か。よくわからないが、そちらに進むわけではないので見逃すことにした。

いよいよ松姫峠への分岐だ。進行方向には小永田《こながた》トンネルが見えていて、国道はその先で全長３０６６ｍの松姫トンネルへと入っていく。道の駅の往復は嫌がるくせに、僕は結局松姫峠まで上って、また５００ｍ下ってきてこのトンネルを抜けるという選択をしているわけで、どうもそのあたり、僕の言っていることには整合性がない。

説明しよう。実は現在、この松姫峠へ向かう道路は小菅村側のみ通行可能で、大月市側は通行止めになっているのだ。しかもこの通行止めは松姫トンネルが２０１４（平成26）年に開通してしばらくしてからずっと行われているらしく、解除される気配はない。この日すれ違った地元のかたも、「行ってないから、どうなっているかさえわからない」と言うくらいだ。

推測だが、松姫トンネルの開通によって小菅村と大月市の往来が通年可能になり、松姫峠越えの道を整備する根拠が薄くなったというのが理由のひとつだと思われる。

そして鶴寝《つるね》山や牛の寝通り方面への登山者の足として必要な松姫峠へのバスは、上野原駅から鶴峠を越えて小菅村に入り、小菅の湯を経て松姫峠に至る路線が用意されていて、大月市側の峠道を利用する必要がなくなっている。

そして最後に、たぶんこれが大きな理由だろうが、松姫峠を大月市側に下っていくと、電子地図上では分岐があり、東京電力の葛野《かずの》川発電所の下池、葛野川ダムに行くことができる。分岐を間違えなければ４００ｍほどの白草トンネル（とグーグルマップでは出てくる）を抜け、さらに１００ｍほどの奈良倉トンネルも抜けると国道１３９号線の松姫トンネル付近に出るはずだが、おそらくこのダムに行かせたくないなんらかの理由があって、ここを通行止めにしている感じがする。

グーグルのストリートビューではまだ松姫峠の大月市側の峠道を辿ることができるのだが、奈良倉トンネルのところで通行止めのゲートが映っている。通行止めの先の光景が見えるというのも不思議な気分だが、ダメなものはダメだろう。今回は小菅村側の峠道だけ辿り、いつか大月市側の道が開放されるのを待つことにしよう。

松姫峠小菅村側のゲート。運よく開けてもらえて峠を上り始めた

というわけで小菅村小永田字吉野、ごていねいに「この先、大月方面への通り抜けはできません」と看板の立つ峠道へと駒を進める。と、ところが！ わずかに走って最後の民家を過ぎたあたりでなんとこちらも通行止めか、ゲートが閉じている。マジですか？ たしかにこちら側も少し前の台風で一時的に通行止めだったのが、それが解除されたのを確認して出かけてきたというのに！

このタイミングで偶然にも上から軽トラックが下りてきた。話を聞くと「パワーショベルで道路を掃いてるで、気をつけて通ればいいよ」とのこと。ああよかった、台風の後片づけだ。男性はゲートのカギを開けて僕を入れてくれ、軽トラは下に降りていった。

幸か不幸かで言えば幸せのほうに入るが、通行止めの道路を走ることになった。パワーショベル以外には対向車がほぼ想定されないので、静かでのんびりしたサイクリングを楽しむことにしよう。

台風14号、15号が通ったあとではあるが、先行しているはずのパワーショベルのおかげか、路面は比較的キレイで、落ち葉が散っているくらいだった。道を横切って水が流れた跡などもあるが、峠道としては至って普通のこと。雨上がりの晴天、蛇がにょろにょろと動き回っていたりするけれど、キミはクルマに踏まれることはないだろうな。

問題はパワーショベルへの接近のタイミングだ。近づけばこちらに音が聞こえるはずだが、下から上へと作業しているとすれば後方から近づくことになる。通行止めの道でバックミラーを見ながら作業するはずもなく、僕は彼の不意を突く形で近づくことになる。それは少々やっかいだ。

上から下へ向けて作業しているなら僕は彼の視界に入るはずだ。口頭で許可を得ているとはいえ、僕は通行止めの道路に入り込んだ自転車乗りだから、なるべく驚かせたくない。手前で自転車を降りてアイコンタクトし、うまくいけば挨拶のひとつもしてすれ違いたいのだ。峠道をゆるゆる上りながら、僕の唯一の悩みはそれだった。

上っているうちにお腹が空いてきて、もうひとつの悩みが加わった。お昼ご飯、どうしよう。当初のもくろみでは少し遅くなったとしても松姫トンネルを抜けて大月市側に下り、どこか開いている食堂で食べようと思っていたが、腹が減っては坂が上れぬ。フロントバッグに森永の大粒ラムネが入っていたのを思い出し、ブドウ糖を投入してなんとか峠までごまかす。

腹時計は正確だ。腕時計を見ると12時を過ぎている。ということはパワーショベルはお昼休みを取っているのではないか？　しめしめ、そのタイミングですれ違おう。そう思って上っていたら、カーブを曲がった路肩にパワーショベルが止まっていて、なかで男性がお昼を食べていた。座席が高いのでよく見えないが、スマホでも見ているのか、こちらに気づく気配はない。自転車は静かだから、近くを通っても案外気がつかないのかもしれない。とりあえず会釈をしながら通り過ぎる。パワーショベルは下から上の方向に向いていた。

12時半、ようやく標高１２５０ｍの松姫峠に着いた。峠の碑には名前の由来が書かれている。武田勝頼（武田信玄の四男）の妹、松姫が甲府から八王子に避難する折にこの付近を通過した伝説にちなみ、松姫峠と命名されたという。

## ささやかな目標達成

最初にこの峠の名を覚えたのはまだ中学生のころで、

台風のあと、まだほとんどクルマは通っていないのだろう。貸し切り状態の峠道は快適

埼玉県大宮市（現さいたま市）の実家から友達と一緒に富士山まで走る計画を立てたときのことだ。うろ覚えだけど片道130㎞くらいあるのを、仲間のひとりが「ロードレーサーでなら1日で行ける」と豪語していたのを今も思い出す。あれは結局どうなったんだろう。

僕の手元にある一番古い「丹波」の5万分の1地形図はこのとき買ったもので、全行程、何枚もの地形図を床に広げ、フチの白いところを切り落としてセロハンテープで全部つなげたのを「なんでそんなことをするんだ」と父に叱られた。

そして初めてこの峠に来たのは高校生のときだ。まだ110フィルムを使ったポケットカメラ（たしかフジカのもの）を使っていた。伊豆半島をユースホステルに泊まりながら何日か走り、最終日は西湖《さい》（河口湖だったかもしれない）ユースから松姫峠を越えて奥多摩駅まで来て輪行したような記憶がある。

そのときのネガをまだ持っていたので、試しにデジタルカメラでスキャンして、フォトショップでカラー写真に変換してみた。今日は、峠で同じアングルで写真を撮ってくるという、ささやかな目標を達成してやるのだ。

峠にはたしかに富士急バスのバス停があるのだが、ごていねいに「降車専用」と書かれていて、「松姫峠発の便はございません」と書かれている。登山者の往路のために走ってくるのだから午後の便などないのだろうし、ここから乗って帰る人もいないかもしれないが、だからってせっかく来たバスが下に降りるのだから、乗せてくれてもよさそうなものだ。オトナの世界はいろいろ謎が多い。バス停の横にあるバイオなトイレも、やはりというかカギがかかっていて使えなかった。

峠道を上っているうちは晴れていたのだが、峠に着いてみると雲が増え、遠望は利かなかった。「松姫峠から望む富士山と小金沢連嶺」の看板通りなら、南側はなかなかの眺望が開けているはずだが、見えているのは雁ヶ腹摺《がんがはらすり》山から伸びる尾根のようだった。

山側には松姫鉱泉の小さな看板が置いてあり、「入浴休憩所　下山現地迎え　入浴五百円　猿橋駅送迎します」と書いてある。峠に公衆電話はないから、携帯電話で迎えを呼べということだろうか？　もうこの鉱泉は廃業しているらしいから、携帯電話の普及から松

40年後の松姫峠と僕。カメラを地面に置いてセルフタイマーで撮影

松姫峠に立つ高校1年生のときの僕

姫鉱泉の廃業までの間に利用されたのだろうか？　そのころ、ここからちゃんと電話がかけられたのだろうか？　とバカなことを考えていたが、答えは全然別のところにあった。

そういえば、松姫峠から奈良倉山を経て松姫鉱泉に下る登山ルートがあるのだ。松姫鉱泉に下山してもらえば、入浴500円ですよ、という看板なのだ。登山の世界から少し離れていて、そんな当たり前のことがすぐ思いつかなかった自分が情けなかった。

峠にはがっちりしたゲートがあって「通行止」とでかでかと書かれている。この先を通る許可をくれる人は通りがかりそうにないので、来た道を素直に戻り、松姫トンネルを抜けて大月へと下ることにした。

松姫トンネルは小菅村側から大月市側へ下り基調で、電子地図上では3㎞で60ｍくらい下っているように見える。クルマの通行量は多くないが、それでも3㎞のトンネルは楽しくはない。あのまま松姫峠を越えることができればどんなに素晴らしいかと恨み言のひとつも言いたくなる。トンネルが好きな自転車乗りはいるはずないのだ。

トンネルを抜けても道はどんどん下っていく。猿橋までは標高差400mくらい下る。右側に深緑色の水を湛えた深城《ふかしろ》ダムのダム湖、シオジの森ふかしろ湖が現れる。高校生のときはここに深城という集落があったはずだが、残念ながらもう記憶の彼方だ。

湖を対岸に渡る橋があって、直進方向の林道真木《まき》小金沢線は通行止めだが、左折して湖の対岸を走ることはできた。しかしこちらもときおり工事車両が対向してきて、それが照明のないトンネルのなかだったりするから安心できない。この下りはあまり旧道を深追いせず、国道をそのまま行ったほうがよさそうだ。

竹ノ向《たけのむかい》、中風呂《なかぶろ》、オモレといった興味深い地名の集落を通り過ぎていく。緩い下り勾配ではあるがペダルを踏まないと進まないので、腹減った〜と思いながら走る。案の定、食堂なんかどこにもない。国道が大月にまっすぐ行くところから外れ、猿橋に向かう県道に入ったあたりでたまりかね、フロントバッグからチャーちゃんまんじゅうを出してほおばる。にわかに人家の増えた七保《ななほ》町葛野を通り抜けると、やっとスーパーマーケットの横を通るが、僕はもう大月駅の立ち食いそばに心を決めていた。

名勝猿橋をチラッと見て、国道20号線で大月へ。交通量が多いうえに向かい風ときては分が悪い。14時20分、大月駅の立ち食いそば店「きらく」でようやくひと息ついた。愛車をバラし、キオスクで僕の大好きなサッポロ・クラシックを買って15時6分、特急「かいじ」32号の車中の人となった。

JR大月駅。立ち食いそば屋は外からも入れるが、キオスクは改札の内側だ

輪行サイクリングの旅 1

## 奥多摩駅から松姫峠越え

【行程】JR青梅線奥多摩駅－小河内ダム－小菅村－松姫峠（往復）－猿橋－JR中央本線大月駅

【走行距離】63km

【アクセス】往路の奥多摩までは東京から中央線で立川まで約1時間、青梅線に乗り換えさらに青梅で乗り継いで約1時間20分。東京から青梅線直通に乗れば約1時間25分で青梅。青梅線に乗り換え45分で奥多摩。復路は大月から中央本線で新宿まで約1時間20分、特急「かいじ」なら新宿まで1時間。

【利用地形図】国土地理院発行5万分の1地形図「五日市」「丹波」「都留」

【アドバイス】松姫峠の大月側は通行止めのため、峠まで行く価値には個人差があるが、静かな峠道が楽しみたければゴー！である。すぐ脇にはもう少し標高差が少ない鶴峠、奥多摩周遊道路、標高差が大きい柳沢峠などもある。

輪行サイクリングの知識と基礎 1

# 輪行の歴史

## 輪行の語源

「輪行」という単語は、もともとは競輪選手が競輪場に（競走のために）向かうとき、「自転車に乗っていく」という意味で使われていた。僕よりふた回りくらい上の、1940年代生まれの何人かのサイクリストに尋ねても、もともとはこの意味で使われていたという記憶があるようだ。

しかし、実際にこの意味で使っていたのは、さらにもう少し古い世代らしい。

競輪は第2次世界大戦後の1948（昭和23）年に第1回が開催されていて、1950（昭和25）年に25歳で競輪選手として登録した加藤一氏（画家、元国際プロフェッショナル自転車競技連盟副会長、1925～2000）が、「輪行という表現は、戦前、それも昭和のひとケタのころ、純粋な競技者のことばだった。当時たとえば東京の選手が静岡の競技に招待されるとすると、彼は自転車をバラして風呂敷に包んで汽車で行こうか。それとも輪行で行くか。つまり自転車に乗って静岡まで行くか。ということをすぐ考える。輪行ということばはそのままでは名詞だが、それは動詞として〝輪行する〟という風にも使われた」という原稿を書いているので（雑誌『ニューサイクリング』1978（昭和53）年1月号）、おそらくそのあたりの世代の用法なのだと思う。

遠方の競輪場へずっと走っていくのは無理だから、当時は自転車を分解して袋に収め、鉄道で移動していた。それが輪行袋の始まりだ。

先出の加藤氏は、競輪選手が唐草模様の大風呂敷に包んで自転車を汽車に持ち込んでいたこと、その後、某氏が自転車の携帯袋を天幕のメーカーに試作させ、飛ぶように売れたこと、そして「彼とふたりで〝なんという名前にするか？〟といろいろ考えたあげく〝輪行にかわる機能を持つんだから、輪行袋でいいではないか〟ということになった」と書いている（雑誌『ニューサイクリング』、1978〈昭和53〉年1月号）。

## 手回り品切符とは

当時、列車に輪行袋を持ち込むためには、乗車券以外に手回り品切符を買う必要があった。これは国鉄の規約のなかで、分解して袋に収納した自転車を「有料手回り品」に該当するとしており、競輪選手は乗車駅で選手登録証を提示して購入した。この切符は輪行袋にくくりつける、荷札状のものだった。

競輪選手やアマチュア自転車競技連盟の選手が自転車を列車に乗せて移動しているのを見て、当時のサイクリストは大変うら

JR常磐線高浜駅にて。一般客の動線に引っかからない組み立て場所を選ぶ

やましく思ったという。駅によっては選手登録証を提示しない、一般のサイクリストに手回り品切符を売ってくれた例もあったようで（雑誌『ニューサイクリング』1966（昭和41）年1月号）、1960年代後半には専門誌上でも「輪行袋」や「自転車をバラして輪行袋に入れて車内に持ち込むやりかた」の話題が多く見られるようになっていた。つまり、輪行という言葉より先に、輪行袋が広まっていったのだ。

まだ「輪行袋の持込みはプロ選手のための規定なので、一般サイクリストは断られる事もあります」（雑誌『ニューサイクリング』、1967（昭和42）年3月号）という状態でありながら、日本の自転車史上に残る輪行車の名作、「アルプス・クイックエース」が発表された。来たるべき輪行時代を見据えた、「バッグから出して走り出すまで6分半」のランドナーだ。専門誌上では「輪行袋の車内持込みが、近く全面的に緩和されそうな気配で、このタイプの自転車が続々出てくる気配が見える」（雑誌『ニューサイクリング』1967（昭和42）年11月号）との記述がある。

そしてサイクリストたちは日本サイクリング協会（1964（昭和39）年設立）を動かし、サイクリング協会会員になれば、手回り品切符を買って列車に輪行袋を持ち込めるようになった。1970（昭和45）年3月のことだ。

当時の専門誌には、「国鉄当局の要求としては、よく訓練されたマナーの立派なサイクリストによって利用してほしい、ということは商用などで自転車を

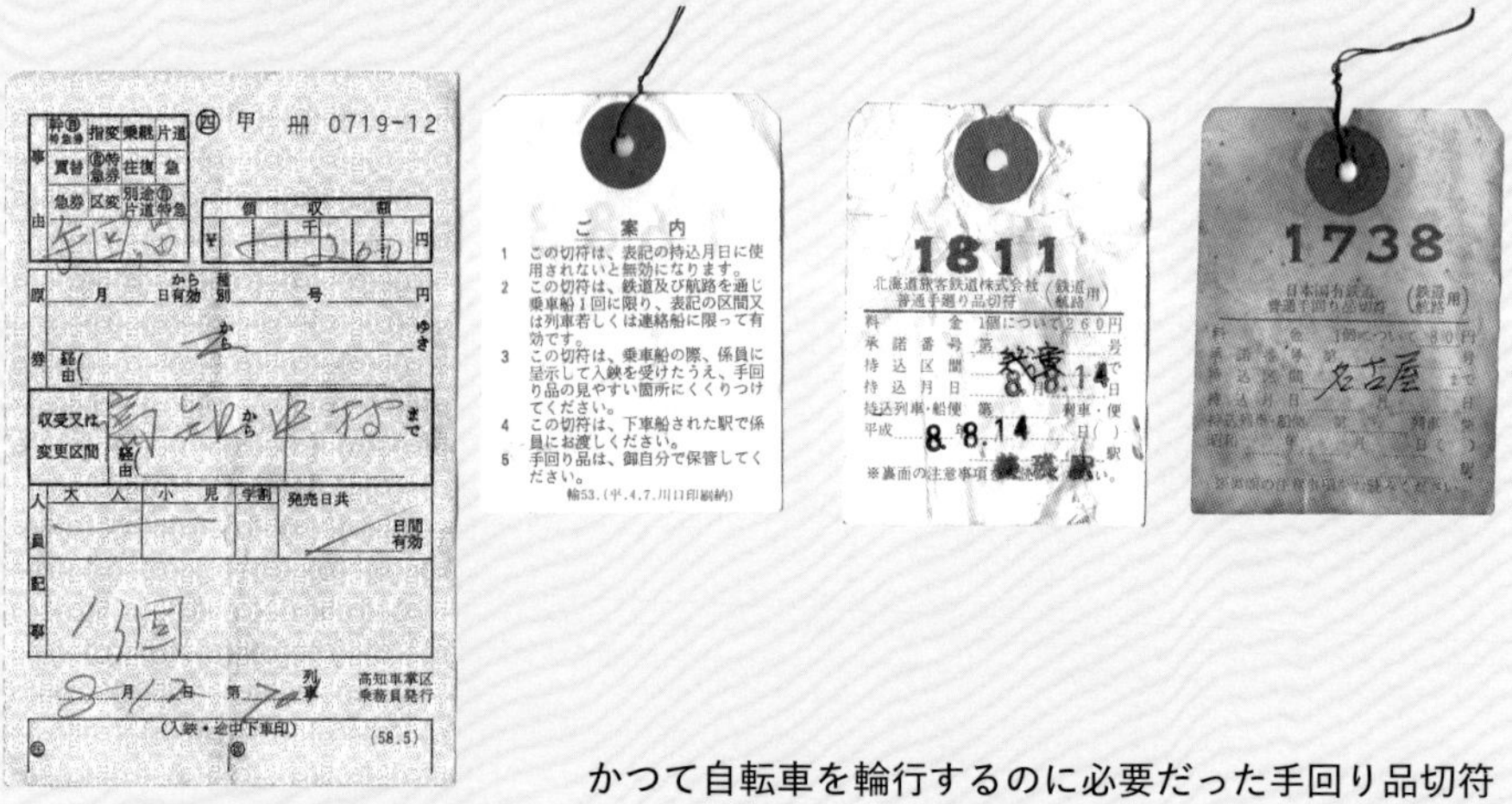


**かつて自転車を輪行するのに必要だった手回り品切符**

自動改札が一般化する以前、駅には切符売り場があって、対人でこういった切符を購入できた

## 輪行の歴史

輪行はなるべく一般乗客が少ない時間帯を狙いたい。輪行袋を置く場所にも注意

持ち込むというのでなく、レクリエーション用としてのサイクリング用車の持込みを認めたというわけで、不特定の人でなく、組織の中のきめられた指導を受けた人を対象としたいという考えがあるようです」（雑誌『ニューサイクリング』1970（昭和45）年5月号）と書かれている。

　ちなみにそれ以前、自走以外で遠方に走りに行きたいサイクリストは、チッキを利用したり、トラック便などを利用するしか手段はなかったそうだ（「輸送の方法と種類」雑誌『ニューサイクリング』1963（昭和38）年4月号）。

　競輪選手以外の人は日本サイクリング協会傘下の各県サイクリング協会の会員となり（会費が必要だが）、この会員証を提示して手回り品切符を購入すれば、輪行袋を列車に持ち込むことができるようになった。大型時刻表に掲載された国鉄の規定には「帆布製の袋に収納し」という条文があったが、メーカーはすでにナイロン製の軽量な輪行袋を販売しており、この点は黙認されていたようだ。

　その後、輪行専用車、あるいは輪行用サイクリング車といった表現が出始め、ついに輪行車という単語に至るのが1972（昭和47）年だ（「サイクリングとスポーツ車ハウツー百科」雑誌『ニューサイクリング』1972（昭和47）年5・6月号）。

　この号の誌面ではさらに「輪行用車の車内持込みとその取扱い」と題して、4ページにわたり、国鉄の運輸規則を引用して列車内への持ち込みの条件について検討がなされている。持ち込み区間や持ち込み日その他必要事項を申し出たうえで、運輸上の支障を生ずるおそれがないことを確認して手回り品切符が発行されると書かれていて、「連休の前などのように混雑するときなどは承諾されないこともあることを承知していなければならない」とまで書かれている。ちなみにこの文章はアルプス・クイックエースの父、萩原慎一氏によるもの。やっと車内持ち込みが叶った、マナーを守って楽しもう、という時代だ。

　僕は1980（昭和55）年に東京サイクリング協会の会員と

なり輪行を楽しみ始めたが、当時の手回り品切符はたしか150円くらいだったと思う。この料金を高いと思ったことはないが、登山のリュックはどんなに大きくてもこの切符が不要だったことから、不公平感がなかったわけではない。山岳地に向かう登山バスではリュックにも料金が付加されていたので、輪行袋を持つ僕も同じ料金を払い、納得した記憶もある。

## 輪行の解放へ

国鉄の規則には無料手回り品の規定もあり、「長さ、幅及び高さの和が120cm程度、重量が20kgをこえないもの」、ただし「運動用具又は娯楽用具であって、長さが制限をこえるときでも、2m程度までのものであるとき」も無料として扱うとされていた。登山のリュックだけでなくスキーなども無料だった。輪行袋もこの規定を適用して無料ではと考えるのも無理はなかった。大学生を中心に、輪行するためだけに入会しているサイクリング協会の会費を負担に思うサイクリストも増えてきた。

1983（昭和58）年に発行された雑誌『ニューサイクリング』8月増刊「自転車用語コレクション」の「輪行」の項は、「本来は自転車乗用のことだったが現在では、分解して袋に入れ列車で輸送してサイクリングすることをいう」と書かれている。同誌の編集長、今井彬彦氏は1915（大正4）年生まれで、輪行という言葉の当初の意味、そして推移も見てきたはずだ。その結果がこの記述となったのだろう。

1983（昭和58）年ごろからサイクリングクラブ連絡協議会という団体が中心となり、専門誌上で輪行問題に関するキャンペーンや署名活動が行われた。そして1984（昭和59）6月には、この問題が参議院運輸委員会に取り上げられた。

6月28日、国鉄側に質問を投げかけたのは小笠原貞子参議院議員（日本共産党）。曰く「日本サイクリング協会の会員に限るという国鉄の営業規則というのがある（中略）サイクリング利用者も大変不平等を感じてい

輪行袋を広げて組み立てを始める。根室中標津空港にて

る」（雑誌『ニューサイクリング』1984（昭和59）年9月号）。

国鉄の対応は素早く、10月1日をもってサイクリング協会会員以外の誰もが手回り品切符さえ買えば、輪行袋を列車に持ち込めるようになった。このときの手回り品切符は200円だった。

先述の、輪行車で一世を風靡《ふうび》したアルプスの萩原浩氏によれば、この輪行解放には異議もあったという。誰でも輪行できるようになれば、ルールやマナーを守れない者も出てくるだろう。そこにサイクリング協会会員という縛りを設ければ、トラブルが起きたときにも会員に向けて発信できる、国鉄とも交渉できる。そのほうがよいのではないか？　萩原慎一、浩親子はそんな会話を交わしたそうだ。

このあと、国鉄が分割民営化してJR東日本ほか7社となったのが1987（昭和62）年のこと。そして1999（平成11）年、ついにJR各社が自転車を無料手回り品扱いとし、多くの私鉄もこれにならって、輪行袋の車内持ち込みを無料化した。鉄道利用者が横ばいで推移するなかで、サイクリング愛好者の需要を獲得しようと考えたのだろうか、ともかく無料化を自転車界は諸手を挙げて賛成した。

無料化に際しては、輪行袋を包含する無料手回り品の規定が変更となった。縦・横・高さの合計が250cm（長辺2m）まで、30kg以内というものだ。これによってすでに存在した、ごく一部の輪行袋、車輪を外さず自転車全体を覆うだけのようなタイプが除外された。「収納」という言葉が使われるようになり、ハンドルやサドルなど、中

## 輪行袋のサイズ規定の例

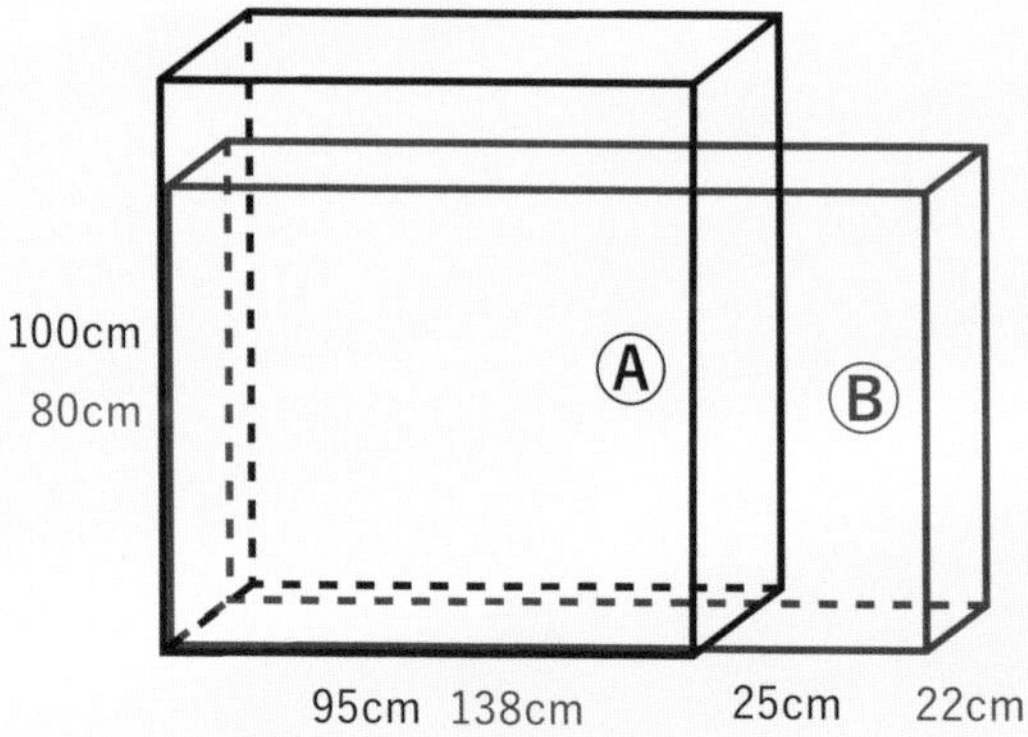


Ⓐ
縦100cm＋横95cm＋厚さ25cm
＝220cm < 250cm

Ⓑ
縦80cm＋横138cm＋厚さ22cm
＝240cm < 250cm

1999（平成11）年、当時のJRによって輪行袋の車内持ち込みが無料化。その規定は縦・横・高さの合計が250cm（長辺2m）まで、30kg以内とされた

身の一部が飛び出しているものも持ち込みが禁止になった。

また、一部の折りたたみ小径車などで、輪行袋から飛び出した状態のキャスターによって転がして運ぶことができるものも、規則を厳密に適用すれば除外となるはずだ。

輪行という言葉の意味が当初の用法からズレてきて、現在のような意味を持つことになった経緯、そして輪行袋の列車内への持ち込みが有資格者に限られていた時代から自由化し、ついに無料化するまでの変化を概観してみた。

あくまでも体感ではあるが僕の感想としては、これら1960年代後半から1990年代後半までの30年間に輪行人口はそれほど大きく変わらなかったように思える。が、それ以降、とくに2010（平成22）年くらいからあとの輪行人口の拡大はかなりのものだと感じる。

そして、この輪行人口の拡大は、会員証とか無料化という結果よりもむしろ、人々がサイクリングの楽しさに気づいたという、非常に原始的かつ決定的なことに起因するのではないかと思っている。家から走り出すしかなかったサイクリングの行動範囲を飛躍的に広げてくれる「輪行」、それに気づいた人々が今、パタパタと自転車をたたみ、始発列車に乗り込んでいるのではないか。

これは自転車業界とか専門誌の読者とか、サイクリング協会会員などというあまり広くない世界の話ではなく、日本人全体のライフスタイルの変化、多様化といったものではないかと思う。人々は、輪行の楽しさに気づいてしまったのだ。

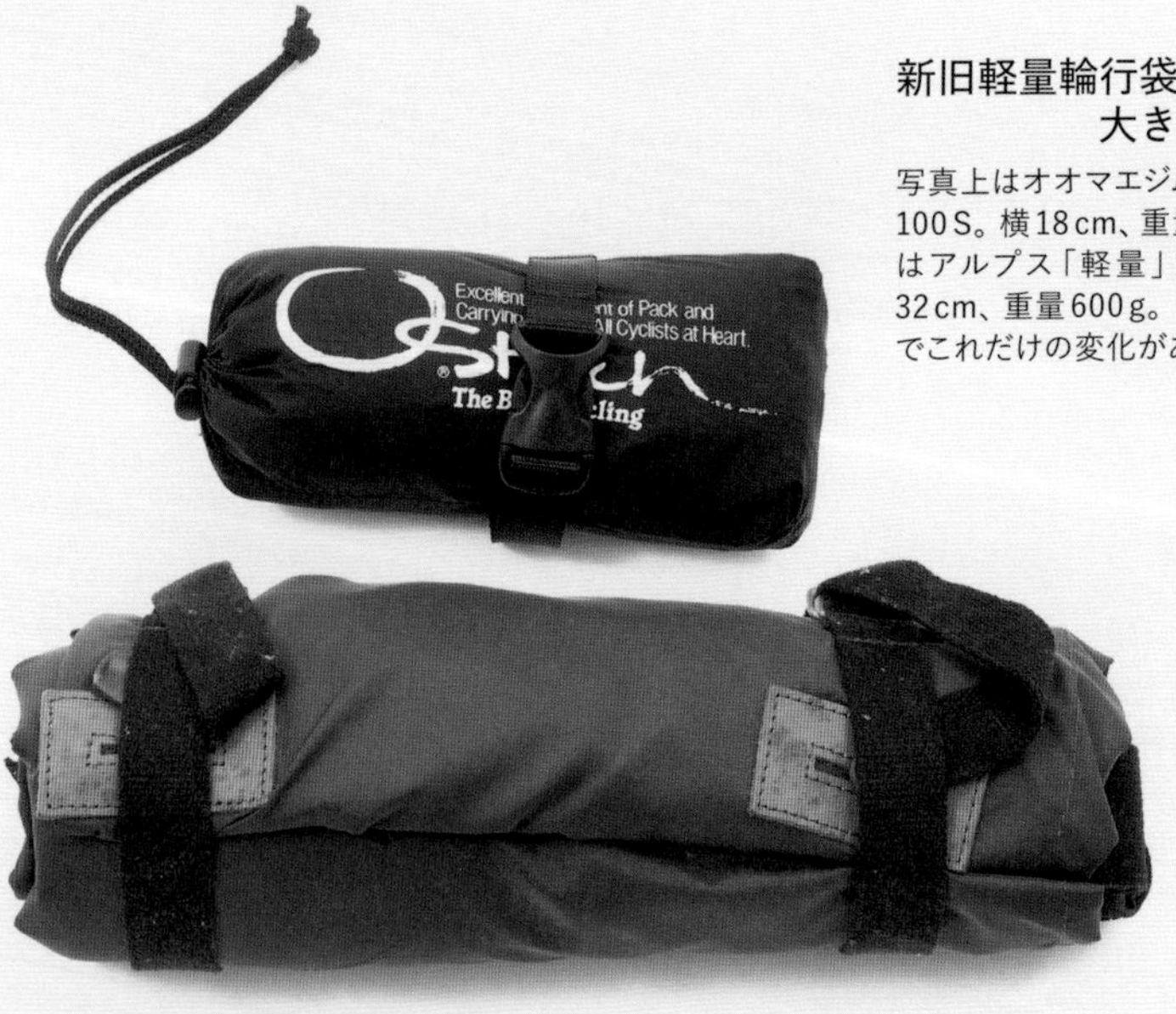

**新旧軽量輪行袋収納時の大きさの変化**

写真上はオオマエジムショのSL-100S。横18cm、重量158g。下はアルプス「軽量」輪行袋。横32cm、重量600g。この40年間でこれだけの変化があった

津軽鉄道の「走れメロス」号。芦野公園付近で撮影

輪行サイクリングの旅

2

# 津軽半島

春の青森。当初は下北半島を走るつもりだった。
しかし本棚で手に取った一冊の文庫本によって計画は大きく変更、
サイクリストは津軽半島へ

〈行程〉
JR津軽線蟹田駅－やまなみライン－津軽中里－
金木－津軽中里－津軽鉄道津軽中里駅

〈走行距離〉
51km

ＳＮＳ上に書く文章なら、冒頭に「長文失礼いたします」と書かねばならないだろう。なぜなら、この旅は出立するまでが相当に長いからだ。どこから走ろう、どこへ泊まろう。何日も何日も逡巡し、それを楽しんだ。

２０２２（令和４）年秋と２０２３（令和５）年春の２回、「ＪＲ東日本パス」というのが発売された。これは日本の鉄道開業１５０周年を記念したＪＲ東日本の特別切符で、ＪＲ東日本の鉄道、その周辺の元ＪＲだった第三セクターなどを含め新幹線、特急、急行、普通列車の自由席が連続する３日間乗り放題で２万円ほどという破格なもの。新幹線などの指定席も４回まで利用可能なので、これを使わない手はなかった。

２０２２年秋には秋田への旅にこの切符を使い、ＪＲ花輪《はなわ》線の荒屋新町《あらやしんまち》駅から走り出して鹿角《かづの》市に泊まり、大館《おおだて》駅まで走って自転車をたたんだ。大館駅からは新青森駅まで列車に乗って、駅構内で優雅に一献。新幹線に乗り込んで悠々と帰京することができた。

春にも発売されると聞いて心ときめいたわけだが、ＪＲ東日本の管内ということはおおむね関東と東北地方なわけで、地図を見てちょっとひるんだ。せっかくだから遠くに行きたいが、遠いところは寒いところなのだ。悩んでいるうちに利用期間が近づき、自分のスケジュールを鑑みて、ここはひとつ、エイヤッと３日間を決めることにした。

だからこの旅は切符優先な、ちょっと例外的なプランだ。ただ、ＪＲはときどきこういった特別切符を企画してくる。今回のＪＲ東日本パスもそうだが、少し前には「三連休パス」のような切符もあった。そして、もう少し歳をとると「ジパング倶楽部」という会員制割引もあるらしい（笑）。

また、費用という点では「青春18きっぷ」という、全国の普通列車が乗り放題のハイコストパフォーマンスな切符があって、僕が高校生のときに始まったと記憶しているからたぶん40年くらいの歴史があると思う。僕が初めて使ったときは１日券４枚と２日券１枚で１万円で、この２日券というジョーカーをどう使うかでとても悩み楽しんだ記憶がある。

僕のくだらない自慢のひとつは、この青春18きっぷを３枚使って稚内《わっかない》駅から実家の大宮市（現さいたま市）まで帰ってきたことが３回あるという話だ。つまり、稚内駅から毎回６０００円で帰ってきたことになる。ちなみに今は青函《せいかん》連絡船が廃止されているし、新幹線が開通したりして普通列車だけでは帰ってこられないので、この切符を使おうとしてもかなり苦労するんじゃないかな。新幹線を一部使うとか、青春18きっぷの枠の外に出ないと帰ってこられないんじゃないかと思う。そもそも、駅の待合室で寝泊まりするというのがかなり難しくなってしまった。

ちょっと話がそれた。

せっかくの切符なので、どーんと遠くに行こう、というのは決めていた。列車に乗りまくって元を取る旅ではなく、自転車旅行の手段としての列車移動なので、走る時間もちゃんと確保したい。となれば仙台より北で、3月ということは積雪のために山岳地帯は走れない。新幹線の線路からあまり離れることもできないだろう。やはり思いきって新青森駅か……。

昨秋立ち寄った新青森駅構内のお店「魚っ喰いの田」を思い出しながら、えきねっとにアクセス。JR東日本パスを購入すると同時に新青森往復の乗車券特急券、そして輪行袋を置く場所を意識しながら座席を指定した。とりあえず、往復の列車のみ決めちゃったぞ。

## 津軽か下北か

青森には何度か行ったことがあり、駅前の様子や連絡船乗り場などもある程度覚えている。青森から西側、津軽半島は竜飛《たっぴ》岬を含めて記憶にあるが、東側、下北半島は行った記憶がない。ここはひとつ、下北半島を走ろうと考え始めた。六ヶ所村の原燃PRセンターだって、こんなときじゃないと行くわけがない。

実家に行ったついでに大宮駅前の髙島屋に入っているジュンク堂書店に寄り、地形図の引き出しを開けた。野辺地《のへじ》からむつ市を経て大間崎《おおまざき》まで、そこまで辿り着くとは思えないが5万分の1地形図を揃えていく。3月だし、除雪されているのは幹線道路のみだろうし、天気にもよるけど距離はそんなに伸ばせるはずがない。いったん出した地形図をしまいそうになるが、また買いに来るのも面倒なので全部買ってしまう。

列車は乗り放題なのでむつ市の大湊《おおみなと》駅まで輪行していってスタートするというのも一案だが、その日の宿泊地に迷う。大湊から青森まで走ろうとすると100kmあって、その日のスタート時刻からみて僕には無理だ。届かないからといって旅の途中で輪行を混ぜるのは好みじゃない。

　大湊から西へ向かって脇野沢《わきのさわ》まで行くと対岸、津軽半島の蟹田《かにた》までの航路が地図に描かれているが、調べてみると運休中だ。このへんで少し手が止まった。往復の列車は決まったことだし、ちょっとゆっくり考えることにする。

　本棚から取り出したのは太宰治の『津軽』だ。この本は太宰が1944（昭和19）年に出版社の依頼で生まれ故郷の津軽を旅して書かれたものだ。

　僕が初めてこの本を読んだのは間違いなく四半世紀前のことになるはずだが、あらためて読み返すと無性に津軽に行きたくなった。生まれ育った金木《かなぎ》や五所川原《ごしょがわら》はもちろん、蟹田や三厩《みんまや》などにも行ってみたい。下北半島に傾いていた僕の旅程は津軽半島へと大きく傾き、5万分の1地形図を買いに御茶の水の内外地図へと足を運んだ。この旅のために購入した5万分の1地形図は14枚に及んだ。

　下北半島で泊まろうとすると、むつ市に何軒も宿を見つけることができる。青森市街ならビジネスホテルを含めて宿は豊富に選べるし、青森市から10数kmしか離れていない浅虫《あさむし》温泉も魅力的だ。

　しかし、お隣の津軽半島になると状況は一変する。宿がないのだ。五所川原市にはホテルが何軒もあるが、半島の海沿いや津軽平野にはほとんど宿を見つけることができない。予約サイトを諦めて各市町村のサイトで宿泊施設を探してみるが、どうやら冬季はお休みしているようなのだ。

　思いついたプランは大きくふたつ。大湊線へと輪行し、陸奥《むつ》横浜駅あたりで降りて青森まで走ってきて宿泊。翌日は津軽線沿いを走り、おそらく蟹田駅まで走れるだろうからそこで自転車をたたんで帰路につく。このプランだと下北半島と津軽半島を両方少しずつ走ることになるが、あまりおもしろくないコース取りになる。

　もうひとつは、そしてこれが実際に走るプランになったわけだが、蟹田駅まで輪行して峠越えルートになるやまなみラインを走り、津軽平野に出て宿泊。翌日は五所川原あたりまで走るのがよさそうだったが、ここで津軽鉄道のストーブ列車の存在を思い出した。この企画列車は3月いっぱいまでだそうだ。ここまで行って乗らなかったら次はいつになるかわからない。よ

JR青森駅5番ホーム。いったん下車したが同じ車両が津軽線になり乗り込む

JR蟹田駅で愛車を組み立てる

し、乗ってしまおう！と決心してプランの骨子は固まった。

## 初春の青森の走りかた

実は3月の青森を走るのは初めてだ。以前、12月に夜行寝台「あけぼの」に乗って青森駅に降り立ち、酸《す》ケ《か》湯《ゆ》まで走ったことがある。八甲《はっこう》田《だ》山を抱く名だたる豪雪地帯ゆえ、除雪されているといっても圧雪路面であることが容易に想像できたので、フラットハンドルで泥除けナシ、リュックサックを背負っての完全な山岳サイクリング装備で走行した。

今回はそれほど標高が高いエリアではなく、インターネット上のライブカメラを見ても、3月になると路肩はともかく路面にまったく雪は見られない。自転車はドロップハンドルで泥除けつき、いつものランドナーで行っていいと思う。ただ、万一を考えてタイヤはブロックパターンのもの、雨天や雪道にも強いディスクブレーキ仕様の旅行用自転車にしておいた。

天候も、しばらく前から現地の天気予報を見続けて、走るときの服装を想定しながら気温のイメージをつかむようにした。もちろん、雪の予報が続けばプランを考え直す必要もあったはずだが、ラッキーにもそうはならなかった。晴天なら昼間は10℃近くまで上がり、夜は下がったとしても0℃くらいの予報だ。

上野駅6時38分の「はやぶさ」1号に乗って新青森駅に9時49分に着く。ネット上の乗り換え案内は奥羽本線への乗り継ぎを10時32分と示していたが、紙の時刻表を見るとその前の9時58分に乗れそうに思えた。おそらく、新幹線と在来線の乗り継ぎは9分よりも余裕を見て案内するシステムなのだろう。どちらに乗ってもその先の津軽線は同じ列車になるため、なりゆきに任せるつもりだった。

あに図らんや、車内放送ではその早いほうの列車が案内された。というわけでJR奥羽本線に乗り継ぐ。ガラガラだった列車が新幹線からの乗り継ぎ客でいっぱいになった。新青森駅の気温は4℃。上野にくらべてはるかに空気は冷たいが、予想していた通りの気候だ。

ひと駅で青森駅の5番ホームに着いた。予定より1本前の列車に乗ってきたので、ここで待ち時間が1時間できた。ふと見ると今降りた奥羽本線の車両の行き先案内表示が「蟹田」に変わっているではないか。なんだ、またこれに乗ればいいのか。いったん降ろした輪行袋を担ぎ、ドアの開閉ボタンを押して乗り込む。日差しが暖かい車内は温室のよう。1時間、これから始まる小さな旅を思いながらのんびりと過ごした。

津軽線は2022年の大雨の影響で、蟹田駅から終点の三厩駅までの区間がバス代行運転になっている。僕が降りるのは現在の暫定終着駅の蟹田だが、2両編成の列車にはそもそも10人くらいしか乗っていない。そして、各駅でひとりくらい降りていくが乗ってくる人はまったく、いない。

お昼前、蟹田駅に着く。車内には大型時刻表を持った旅行者もいたので、折り返し青森に戻っていくのかもしれない。たしか上り列車は30分くらいで出るはずだ。

僕は駅前の売店「ウェル蟹」を楽しみにしていた。人気メニュー「シャモロックラーメン」をお昼にいただこうという算段だったのだ。というか、ここを逃すと食堂などは当分、お目にかかれなさそうなコースだ。

意気揚々とお店に入ると、思わず「あっ」と声が出た。食堂部分に「定休日」の立て札が置かれていたの

蟹田から陸奥湾を望む

だ。品出しをしていたお姉さんに「お休みということは、このあたりではなにも食べられないということですね?」と念を押すと、「そうですね」と冷たいひと言が返ってきた。太宰はこの蟹田で蟹をたらふく食べているが、こちらは蟹どころではなくなった。

素早くあたりを見回し、たった1個売られていたシャケおにぎりと煮物の小さなパック、そして飲み物を買う。たった30㎞だ、少し食べればなんとか走り切れるだろう。フロントバッグのなかから割り箸を取り出し、駅の待合室でひとり寂しく食べた。貨物列車が何度か通っていく。津軽線は蟹田までだが、貨物列車はこの先、トンネルを通って北海道へと向かうのだ。

自販機の補充のお兄さんが去り、上り列車が出発してしまうと駅は静かになった。自転車を組み立てて、出発の支度を整える。天気はよく、気温はおそらく10℃くらいありそうだ。冬用のグローブではなく軍手で走れる。ネックウオーマーもナシ、ウインドブレーカー代わりのレインウエアも出さず、風通しのよいフリースで走り出した。準備していたなかでは一番暖かいパターンだ。

駅前から国道280号線に出ると、なんとそこにはヤマザキデイリーストアがあるではないか。そういえば道路地図を見たときにその存在に気づいていたのに、アテにしていなかった自分を呪った。ここならもう少ししっかり腹ごしらえができたかもしれない。猫が3匹、ひなたぼっこしていたのでしばらく遊んでもらい、あらためてスタートした。

## 津軽平野へ

右手に見える海は津軽海峡だが、すぐ向こうに下北半島が見えていて、やはりここは陸奥湾と呼ぶべきだろう。少し行ってマツオスーパーの前を過ぎ、蟹田川を渡るとすぐ左折。ここから津軽平野に出るまで一本道だ。

マエダストアにハッピードラッグ、ホーマックニコットと三拍子揃った大型店舗エリアがある。なんだ、ここでもなにか食べられたはずだ。ウェル蟹のお姉さんは食堂がないと言っただけで、買い食いする気ならスーパーもコンビニもあったのだ。まぁそんなこともあるさ、とペダルを漕いでいく。

いつもなら、道路を走るための効率を重視してビンディングペダルとSPDシューズで来るのだが、万が一の雪を警戒してゴアテックスのローカットシューズに三ヶ島《みかしま》・ゴルディートのフラットペダルで来た。のんびり走るぶんには何不自由ない。

道は山のなかに分け入る雰囲気があまりなく、小さな集落をいくつも通り過ぎる。下小国《しもおぐに》、中小国《なかおぐに》、上小国《かみおぐに》と通っていくが、道路に沿っているはずの津軽線の気配がない。さっき蟹田駅で見ていた貨物列車はどこへ行ったんだろうと思っていたら、空中を立派な構造物が横切った。おお、北海道新幹線のお出ましだ。

持参した5万分の1地形図「蟹田」は平成15年版で、北海道新幹線はまだ描かれていない。新青森から新函館北斗間が開業したのは2016（平成28）年のことだ。その代わり、地図には津軽線から分岐して津軽海峡線が載っている。どうやら新幹線は目の前に見えている津軽海峡線（現・海峡線）のトンネル目がけて、直線的に線路を引っ張ってきたのだろう。

現在位置が確認できたので、津軽線の大平《おおだい》駅に行ってみる。もう7ヶ月くらい列車が通っていないので、線路は錆び始めている。待合室にはカギがかかっている。そりゃそうか。

やまなみラインのやまなみトンネル。除雪は完璧でなにも心配ない

蟹田駅を通過した貨物列車は在来の津軽海峡線を通って北海道に行くはずで、くわしくは知らないがトンネルのなかは新幹線の線路と在来線の線路の両方が敷かれているはずだ。廃線じゃなくて残っているなら、「北斗星」も走っていてほしいなぁ、なんて勝手なことを考える。

やまなみラインと名づけられたこの道は道幅が広く、クルマの通行量も多くない。上り坂だといっても海べりからの標高差は70mくらいなので、鼻歌交じりで走っていける。風は南西から吹いていて少し向かい風気味だが、ぜいたくは言えない。大平駅の先で竜飛崎への道を右に分けると民家を見なくなり、道路をサルが2匹、横断していった。いい天気だ。

大平トンネルを抜けてしばらくいくと、蟹田から1時間ほどでやまなみトンネルに着いた。トンネルを抜けると日本海側、中泊《なかどまり》町へと下っていく。抜けたところに駐車スペースがあったが、まだ除雪されておらず、トイレも使えなかった。テルモスに入れてきたホットの缶コーヒーをひと口飲んだ。

レインウエアを上だけ着て下りにかかる。相変わらず向かい風だが、ペダルを踏んでいれば前には進む。

路肩の雪がなくなり、田んぼが現れた。津軽平野だ。蟹田のある外《そと》ヶ《が》浜《はま》町とくらべると、こちら中泊町はきっといろんな点で違うのだろうな。そして中泊町の南にある五所川原市は、太宰の生家があるところだ。今日はそこまで走りたいが、お腹が空いてきた。

建設会社とか介護施設がいくつか現れ、国道339号線にぶつかった。左折。すぐ先でコメ米《まい》ロードと名づけられた広域農道然とした道が分かれていくが、僕は集落を縫っていく国道を選ぶ。右前方には岩木山が見えてきた。春霞で写真にはうまく写らないが、「お岩木さん」「津軽富士」とも呼ばれる円錐形のカッコいい山だ。海の方角に風力発電の風車がいくつも見える。走る向きが変わったことでようやく向かい風からは解放された。

マエダストア6・5kmの看板が現れた。天の助け！そこまで頑張ってなにか食べよう。ヤンマーやヰセキなどの農機具を扱う店を多く見かける。岩木川の流域となっている津軽平野、津軽藩は近隣の大名にうらやましがられるほど米が穫れたというのは翌朝行く中泊町博物館で仕入れた知識だが、景色を見てなるほどと合点する。津軽中里《つがるなかざと》駅近くまで来てようやくマエダストアを見つけ、おにぎりを1個買ってくる。

すぐエネルギーになるという点ではゼリーかチョコにすべきだったかもしれないけれど、それほど走りに重きを置いていない今回の旅では、おにぎりに手が伸びたのが事実だ。今朝から数えて5つ目のおにぎりをほおばりながら国道を南下していく。津軽中里から金木まではたった8kmほどなので、往復してもたかが知れている。しかも空は晴れている。なにも案ずることはないじゃないか。

## 津軽鉄道と太宰治

津軽平野のど真ん中には、津軽中里から五所川原まで、津軽鉄道が走っている。この略称「津鉄」は1930（昭和5）年に開業していて、このとき太宰は7歳。金木に生まれた彼は、育て親の叔母が五所川原に住んでいたので、津鉄はよく利用したはずだ。『津軽』でも朝一番の汽車に乗って五所川原から中里に向かった記述がある。

それにくらべ、僕が今朝乗った津軽線は津軽半島の東部に敷かれているが、戦後の1951（昭和26）年

津軽平野まで来ると海の方角に風力発電の風車を見ることができる

にようやく青森〜蟹田間が開業している。『津軽』執筆時の太宰はこの区間を走っていたバスで移動している。

津鉄といえばストーブ列車が代名詞だ。冬の間、一両に2台のダルマストーブが設置された列車を運行する編成があって（1日3往復）、乗務員がそこに石炭をくべたり、また別の乗務員がストーブの上でスルメを炙《あぶ》ってくれたりする演出も人気らしい。テレビなどで見たことがある人も多いだろう。

せっかく3月の津軽に来たので、ぜひ乗りたい。そう思ったのだが、ちょっと問題点もあった。輪行袋を担いでストーブ列車に乗った記述がネット上に見当たらない。そんなことでビビる僕ではないが、車両の構造上、輪行袋を置きやすい場所がないことが想像できる。そして、人気の列車ゆえに満員になって、輪行袋がひんしゅくを買う可能性も考えられた。

何日か逡巡した末、思い切って津軽鉄道に電話をかけた。その答えは、JR東日本パス（僕が使う切符だ）と青春18きっぷの時期ゆえに混雑が予想されるし、とくに五所川原駅を11時台に出る1往復は混んでいるという。団体利用の予定については教えられないが、その場合は車両を分けていて、乗れないというほどのことはない、という答えだった。

　というわけで、僕は蟹田から津軽中里を経て金木まで走っている。僕は太宰の熱心なファンでは決してないが、金木にある太宰の生家、「斜陽館」は見ておきたかった。ここは以前は宿泊できる施設だったのだが、いつの間にか太宰治記念館になっていた。でもとりあえず、一度は見てみたい。金木には宿がないので、斜陽館を見たら来た道を戻って津軽中里で泊まることになってしまう。サイクリングのコースとしてはエレガントさに欠けるが、見たいものは見たいのである。

　津軽中里から金木まで、津鉄の駅は4つ。深郷田《ふこうだ》、大沢内《おおざわない》、川倉《かわくら》、芦野《あしの》公園、その次が金木だ。国道を南に向かって走っていると、深郷田の先で津鉄をまたぐところが大沢内跨線橋だ。

　オッと思って自転車を止めると、跨線橋だから当たり前なのだが、見下ろす線路の向こうに岩木山が見えている。ここに列車が来ればなかなかいい写真になりそうだ。しかし、手元の時刻表ではしばらく列車は来そうにない。鉄道マニアじゃないし、まぁいいやと走り出した。

　道路の左手に今度はキレイな湖が見えてきた。地図によればこれはため池だ。なんでこんなところに、と思いながら走って、ハタと思い至った。ため池はそもそも農業用水を確保するために作られたものだ。おそらくこの地域の農業の利便性をさらに高めるために造成されたものに違いない。昔の人は頑張ったんだな、と思いながら走っていく。

　少しおにぎりが効いてきたようだ、ペダルがよく回る。いや、追い風なのかもしれないな。しかし追い風は困る、今日またここを戻らなきゃいけないのに、最後に向かい風はイヤだ。そんなことを思っているうちに芦野公園のところで今度は踏切を渡る。いかにも古そうな洋風の建物が見えているが、これは1930（昭和5）年の開業時からの旧駅舎で、今は喫茶店として使われているそうだ。『津軽』では、金木の町長が上野駅で芦野公園までの切符を買おうとして「そんな駅は無いと言われ憤然とした」という昔話が紹介されている。

　すぐ先で、金木への道標があって左斜め前方へとハンドルを向ける。緩く下って町の中心部へと入っていく。斜陽館は有名な観光施設だから、きっと簡単に導

▲夕日に輝く太宰治の生家、斜陽館

▼斜陽館の内部。広々とした部屋が現在もきれいに保存されている

かれることだろう。その目論み通り、津軽三味線会館のすぐ先の交差点で、夕日を浴びて立派にそびえ立っているのが斜陽館だった。

入館料600円を払ってなかに入る。なるほど、「金木の殿様」と呼ばれただけのことはある。1階も2階も広い部屋がどかんどかんとあって、ちょっと見たことがない豪邸だ。ここが旅館だったときはどうやって使ったのだろう。泊まってみたかったなぁ。

ただ。僕は見始めてすぐに満足してしまい、すたすたと案外早く見終わってしまった。この感覚はなんだろう。ここまで自転車で走ってきたことで納得してしまったのか。「人間失格」と書かれた千社札がお土産に売られていたが、悪ふざけが過ぎる気がして買わなかった。もしかすると斜陽館見学の最速記録を作って、僕は自転車に戻った。

金木には他にもいくつか太宰がらみの場所があるようだが、僕はもう宿への8㎞を漕ぎ出していた。やっぱり、作家の思い出の地を巡るなんて、僕のスタイルではないようだ。

中泊町博物館の入った中泊町総合文化センター「パルナス」の交差点を右に曲がり、津軽中里駅に向かう。ちょうど太陽が真後ろに来て、自転車に乗った自分が長い影を作った。おもしろく思ってスマホで写真を撮ろうとポケットから出したら、その瞬間にスマホがバッテリー切れを起こし、画面がブラックアウトしてしまった。

まさにこれから宿に向かう場面で、頼みの綱の電源が落ちた。ま、そのくらいで困る僕ではない。宿の名前は判っているし、フロントバッグのマップケースに入れた地形図通り、駅に着くこともできる。そこから宿まで、インターネットがなかった時代の旅行者だって辿り着けたはずなのだ。

## 福助旅館の一夜

少し行ったり来たりしたが、目指す福助旅館に無事辿り着いた。陽気なおかみさんが出迎えてくれる。自転車の置き場を尋ねると、リモコンのボタンを押して道路を挟んだ向かいにある大きなガレージのシャッターを開けてくれた。「あのなかなら大丈夫だろ」。

自転車を押していくと自家用車にオートバイ、それに大きな除雪車が収まっていた。その除雪車に愛車を

大沢内跨線橋から遠くに岩木山を望む

立てかけ、宿に入る。部屋に案内されると、なかは驚くほど暖かかった。「今日は天気がよかったから」。暖房ではなく、日光で暖まった部屋は本当にぽかぽかだ。

　お風呂は、扉が開いていれば先客がいないというサインになっているらしく、まずは今日の汗を流す。長期滞在の人がいるようで、お風呂場にはナイロンタオルがいくつかぶら下がっていた。ゆっくりと春の日が暮れ始めた。

「ビールの持ち込みは自由だから」と言われたのだが、これから酒屋を探しに出かけるのはおっくうなので、食堂にあるスーパードライを部屋に持ち帰っていただくことにした。携帯電話に充電ケーブルをつなぎ、コンセントに差し込む。外は暗くなってきたが、まだ部屋は少し暖かい。3月の青森で、こりゃもしかして暖房なしで眠れるのじゃなかろうか？　少しビックリだ。

　そうこうしているうちに6時、晩ご飯の時刻なので階下に降りる。さあどうぞ、とばかりに豪華な晩ご飯がテーブルに並んでいたが、ひるむことなく2本目の瓶ビールに手を伸ばす。隣ではきっと宿の家族だろう、楽しそうに晩ご飯を食べている。

　おかみさんが料理の解説を加えてくれた。「これが息子が釣ってきたマグロ」。ひと口食べてみる。うまい。ちょっと待ってくれ、東京で食べるやつとは味が違う。

僕はふだんから刺身を食べる暮らしをしているわけではなく、たまに回転寿司でマグロを食べる程度なのだが、そういう生活のなかではクロマグロとビンチョウマグロとインドマグロを区別さえしていない。

しかしこれは別格だ。本マグロ＝クロマグロというやつなのだろう。なんというぜいたく。スマホで撮った晩ご飯の写真は縮尺がわかりにくいが、割り箸やコップの大きさから想像してほしい。これはかなりの量の晩ご飯だった。

少しして何人かの男性が晩ご飯のテーブルについた。年齢的にはみんな、僕より少し上くらい。慣れた感じで持ち込みの発泡酒を開け、食べ始めた。

たぶん仕事で長期滞在しているのだろう。毎日、同じ食事というわけにはいかないだろうから、おかずも僕のと少し、違う。大声ではないが、なにかしらなかよく話している。この仕事の期間とか、次の現場とか、自分の実家の話とか。そして僕が3本目のビールの栓を抜くころ、彼らはお酒ほどほど、ご飯はしっかり食べて部屋に戻っていった。

キッチンでは食事を終えた小学校3年生のお孫さんが洗い物を手伝っている。それこそ、目のなかに入れても痛くない感じの女の子だ。お手伝いをしたら、おじいちゃんがお小遣いをあげるのだという。

おかみさんによれば、先ほどの彼らは洋上風力発電工事のガードマンなのだそうだ。もっと遅く、8時に帰ってきて9時から晩ご飯の人たちもいるし、4時に朝ご飯という人もいたそうだ。「さすがにそれは無理だったけど、4時半の人には出してあげたわ」。お弁当ではなく、朝ご飯である。津軽の小さな旅館だと思っていたが、意外に大変な客さばきだ。

宿のお客さんはこんなふうに、仕事の人が多いのだそうだ。際だった観光地でもない土地を好んで出かける僕のようなサイクリストは、そういえば似た感じの宿に泊まることが多い。もう廃業してしまったが、群馬県上野村新羽《にっぱ》の商人宿、山村旅館を思い出していた。「この前は送電線の張り替えの工事の人たち。25年も経つと傷んでいるみたい」。この付近にはほとんど宿がなく、ホテルと名のつく施設は20㎞先の五所川原まで行かないとない。だからいろいろな仕事の人がこの

福助旅館の前に立つおかみさん

晩ご飯。写真では伝わりにくいがものすごいボリューム

福助旅館に泊まるらしい。

テレビはニュースの時間になっていた。大相撲では阿武咲《おうのしょう》と宝富士だけ、やけに念入りに伝えている。僕が「なぜ?」という顔をしていたのだろう、おかみさんが「地元なのよ」と教えてくれた。青森県のニュースだった。そしてふたりともまさにこの土地、中泊町の出身なのだそうだ。マグロを食べると強い力士になるのかと尋ねたが、「昔は今ほどマグロを食べなかったよ」とおかみさん。

五所川原以北で春先にやっている宿はおかみさんによればたった2軒。もう1軒はマグロ釣りの季節になれば開けるそうだが、「シーズンはこれでも予約でいっぱいになる」。僕はお皿に残った本マグロひと切れを味わいながら、大瓶3本でごちそうさま。冷蔵庫の最後の1本を持って部屋に戻った。

翌朝。朝ご飯は7時にしてもらったが、ほかの宿泊者はもうほとんど出かけてしまっていた。「今朝、1℃。霜が降りていたよ」とおかみさん。晴れた朝の1℃は、ちょうど2ヶ月前のお正月にいたJR小海《こうみ》線小海駅の朝と同じくらいだ。

## ストーブ列車で輪行

ゆっくり支度をして8時半に出発。ガレージの扉を開けてもらい、ついでにおかみさんがなかを案内してくれた。釣り道具が山のようにあって、そして大きな冷凍庫がある。「釣るよりも買ったほうがたぶん安くつくよ」と笑っている。

今日はどこまで、との問いに恥ずかしくて言葉を濁す。実はほとんど走る予定がない。たぶん2kmくらいだ。青森まで来て、天気がよくて、それで2kmとはとても言えない。今日のメインは津軽鉄道だ、なんて。

まずは宿から800mの中泊町博物館へ向かう。昨日通ったこのあたりには、スーパーマーケットとドラッグストア、コンビニにホームセンターもあってさながら田舎のショッピングモールの体だ。そして目的の博物館は、「中泊町で撮影された写真で町の歩みを振り返る」という企画展をやっていた。

実はSNS上で偶然この企画展のことを知り、そして僕はどうしても展示を見たくなったのだ。入場料200円を払って、「インターネットを見てうかがいました」と挨拶する。僕以外に入館者はいないようだ。

壁一面に、いやそれどころか天井から吊して空中にも、ところ狭しと写真が展示されている。空中のやつはうっかりすると裏面にも写真があるから気を抜けない。明治から昭和にかけての写真、運動会やお祭り、田植え、虫送り、そして戦争もあったから出征の写真もある。津軽中里の駅前通りと思われる写真を見て、あとであそこを通るときに見くらべようと思う。

太宰が宴会をやったのと同じころと思われる和服姿の宴会や、津軽半島最後とされたクマを獲ったときの写真（明治43年、これ以降長いことクマは目撃されなかったそうだ）もある。ああ、これは見終わらない。それが少し悲しく、そして静かな喜びでもある。

およそ700点という写真を文字通りダッシュで見終え、常設展示に回る。北津軽郡中里町と小泊《こどまり》村が合併してできた中泊町の歴史は、当たり前だが縄文時代や平安時代から連綿と続いている。子供のころなら見飛ばしたような展示が、今では心から興味深い。

「弘前《ひろさき》藩主は岩木川を独占していることを他の大名から羨ましがられた」と書かれていた。新田を開発し、取り立てた年貢米は岩木川筋の蔵に集められ、小廻し

ストーブ列車の座席を確保。車内販売で冷えたビールとスルメもバッチリ

舟によって十三湖の十三湊《とさみなと》に運ばれ、鰺ヶ沢湊《あじがさわみなと》から江戸や大坂に送られたそうだ。昨日、金木を往復する途中で見たため池も、そんな時代に作られたのだろうか。

これから乗る津軽鉄道の出札口のレプリカもあった。ごていねいに硬券の切符があって、カチャンと日付を入れる機械（の名前は知らない）を通し、パチンとハサミを入れる体験ができる。子供のころ、駅員さんが改札でカチカチカチカチ……とハサミを空打ちしていた記憶が蘇り、意味もなくハサミをカチカチ言わせて動画を撮ってみた。

ストーブ列車の時間が近づいてきて、博物館を出る。駅まで１㎞、そして今日のサイクリングはこれで終わりだ。津軽中里から五所川原、そしてＪＲ五能線に乗り換えて青森へ。新青森駅で行きつけになりそうな「魚っ喰いの田」でビールを飲んで、新幹線で帰っちゃう予定なのだ。

愛車を分解して袋に詰め、列車を待つ。津軽中里駅から津軽五所川原駅までの乗車券は８７０円、加えてストーブ列車券が５００円だ。いずれも硬券なのはお約束通りか。時刻表によれば僕が乗る10時48分発のストーブ列車は、津軽五所川原駅を9時35分に出発したものがここで折り返す。そして10時20分、下り列車が定刻でホームに入ってきた。

10数名ほどの団体が降りてきた。彼らとは別に若い女性のふたり連れが折り返してもう一度、ストーブ列車に乗り込む様子だ。ストーブ列車なんて中高年の興味の対象かと思ったが、そうでもないようだ。

僕は、ストーブ列車内の輪行袋の置き場所が一番気になっていたので、先頭に並んで改札を通った。列車はなんと4両編成で、僕は後ろの2両のいずれかに乗るように指示された。ヨイショっと乗り込むと案の定、デッキにはお土産や缶ビールを載せたカートなどが置いてあって輪行袋のスペースがない。やむを得ずボックスシートの間の通路に置いたが、これではカートが通れない。もし満員になったりしたらお手上げである。

先頭車両はストーブ列車ではなく、「走れメロス」号と書かれた普通列車だ。尋ねてみると地元の乗客はストーブ列車じゃなくてもいいから、乗車券のみで乗れる車両も連結されているようだ。そして2両目には「SHIKI-SHIMA」の札がかかっている。おお、四季島か！　JR東日本の企画列車というか、たしか少しリッチなやつだったと思う。何年か前、道南ですれ違ったことがある。もちろんストーブ列車になっていて、ちょっと小ぎれいに見える。きっと四季島の乗客は金木あたりで観光していて、そこから乗り込んでくるに違いない。

3両目と4両目は僕ら普通の旅客用のストーブ列車だ。ありがたいことに乗客は数人のグループが3組、単独なのは僕だけ、そして折り返し乗車の女性ふたり。乗務員が僕の自転車の置き場を「ボックスシートに置いちゃっていいですよ」と言ってくれてホッとした。「途中でドッと乗ってきたりしないですか」と聞いてみたが、「大丈夫でしょう」とのことだった。

僕はストーブの真ん前に座り、缶ビール350円とスルメ700円也を買って万全の態勢だ。向かいには僕よりひと回りくらい年上の3人連れが座り、通路を挟んだボックスには先ほどの女性たちが座った。列車が動き出し、乗務員が石炭をくべたストーブの上で炙ってくれるスルメの匂いが車内に立ちこめると、まだ11時だというのに僕はいい気持ちになってきた。

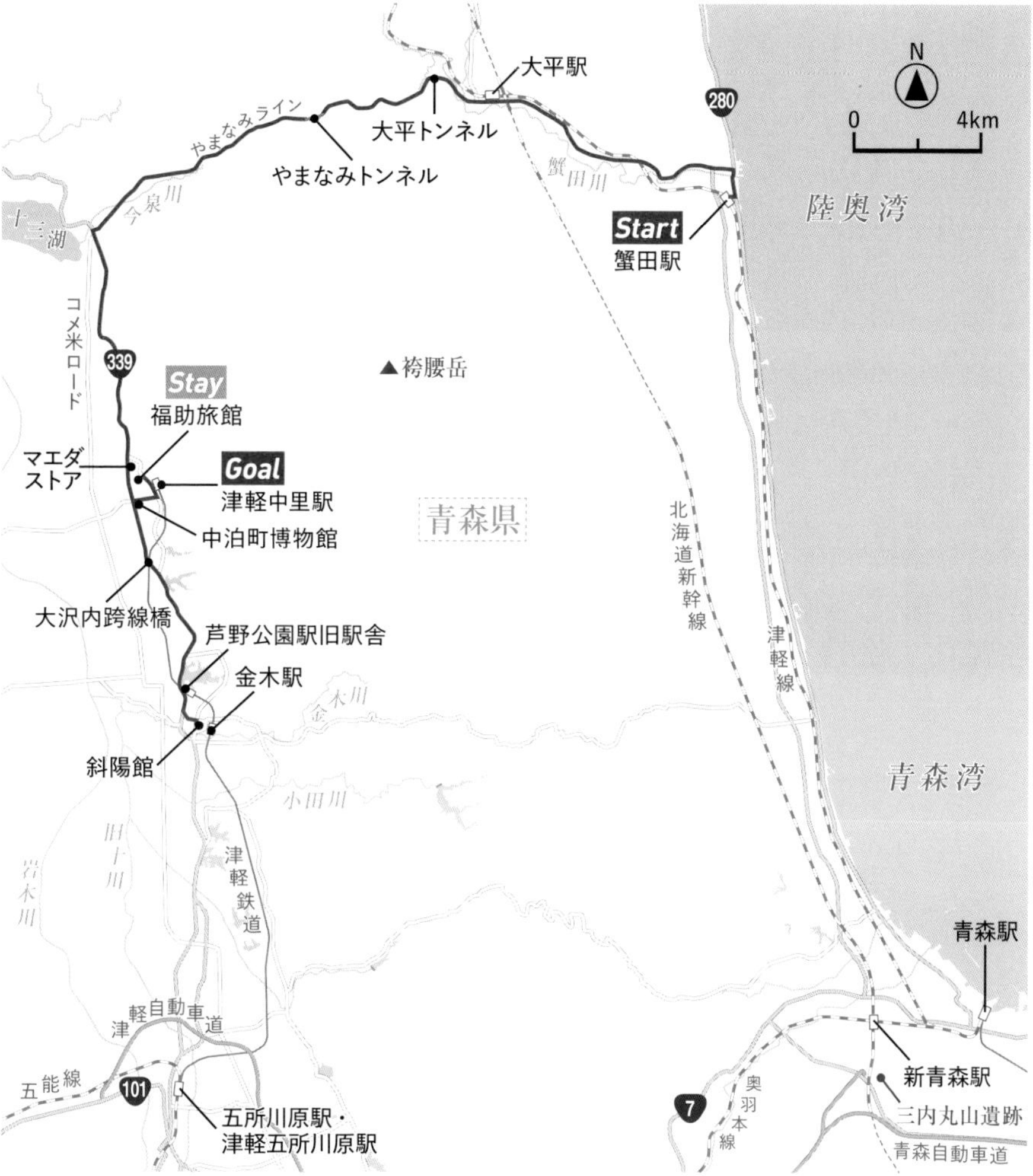


【行程】JR津軽線蟹田駅－やまなみライン－津軽中里－金木－津軽中里－津軽鉄道津軽五所川原駅

【走行距離】51km

【アクセス】往路は東北新幹線「はやぶさ」で東京から新青森まで約3時間20分。新青森から青森までは奥羽本線で6分。青森から蟹田までは津軽線で約40分だが、1日上下各9便と少ないのでプランには要注意。復路は津軽中里から津軽五所川原まで津軽鉄道で約40分。隣接のJR五所川原から五能線を約30分で川部、ここで奥羽本線に乗り換え約30分で新青森、東北新幹線で東京まで約3時間20分。

【利用地形図】国土地理院発行5万分の1地形図「蟹田」「小泊」「金木」

【アドバイス】実走は3月だが天候次第ではやまなみラインにも雪が予想される。圧雪路を走る程度の装備が必要。逆にストーブ列車のない季節は津軽鉄道区間を自転車で走っても20km程度、五所川原泊も可能だろう。

輪行サイクリングの知識と基礎 ②

# 地図と時刻表で計画を立てる

サイクリングは自由な遊びだ。自転車を漕いで道路を走る行為を「競走」や「トレーニング」ではなく「楽しみ」で行うかぎり、すべてのサイクリングは自由とともにある。

そのサイクリングは、自宅や、自転車を置いてあった場所（レンタサイクルなど）を出発点とするなら、元の場所に戻ってくる必要がある。クルマに自転車を積んでどこかに出かけ、駐車場からサイクリングに出発しても、その駐車場に戻ってこなければならない点は同じだ。

つまり、A地点からB地点に行き、またA地点に戻るような往復コースを走るか、A地点から出てまたA地点に戻ってくる、ぐるっとループ状のコースを走ることが必須になる。望むと望まざるとに関わらず、同じ景色を見ることになるのだ。

輪行サイクリングはこの点が大きく異なる。出発点に戻ってこなくていいのだ。鉄道を主とする公共交通機関を降りてA地点を出発し、他の公共交通機関

輪行／非輪行サイクリングの概念の違い

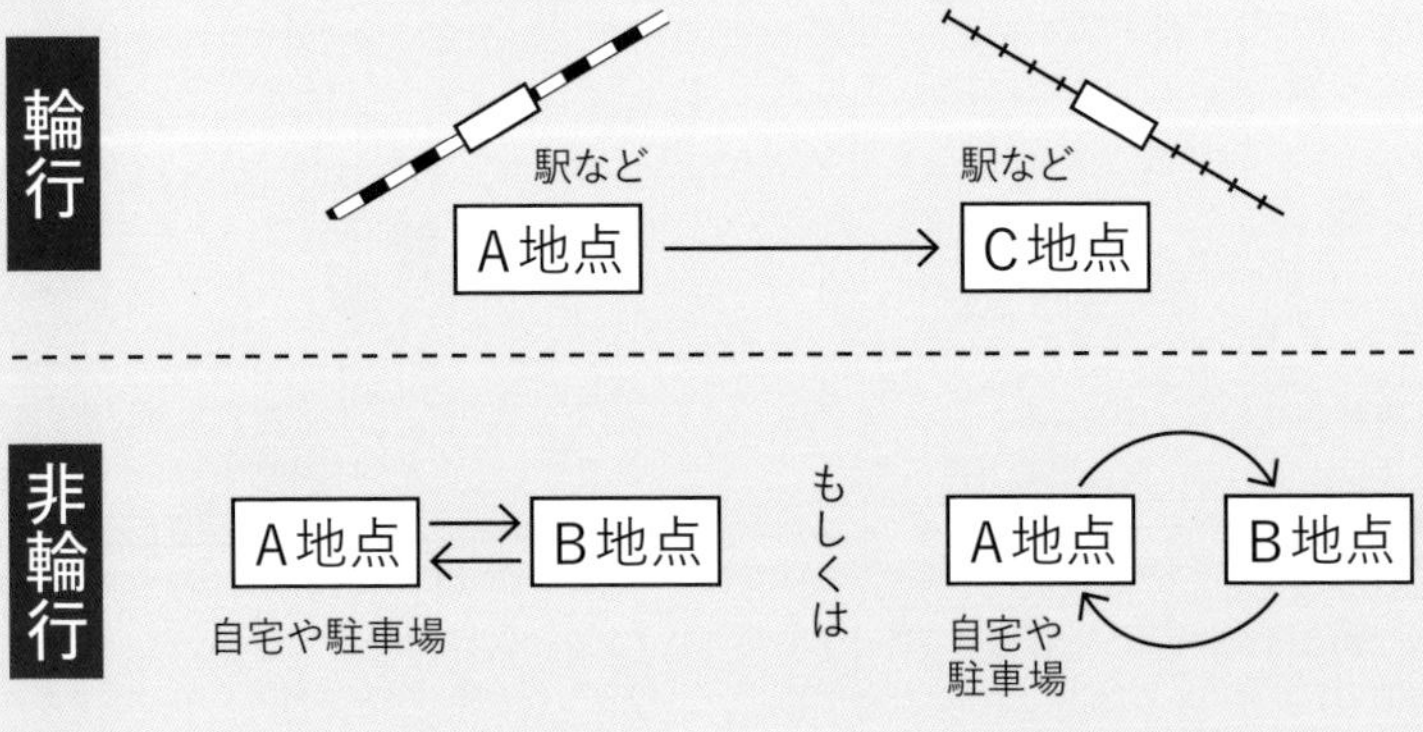


非輪行サイクリングは、出発点（A地点）に戻ってくることが必須となるため、同じ道を走るハメになる。輪行すれば出発点と終着点は別でいいから、コース取りの自由度が飛躍的に増す

が運行されているC地点をゴールにすることができる。つまり、違う景色を見ることができる。輪行はサイクリングの自由度を大きく広げる遊びかたなのだ。

# 地図について

**■紙の地図**

僕は断固、紙の地図をオススメしたい。その第一の理由は、一覧性だ。ネットの地図でも全体を見ることはできるのだが、小縮尺になりすぎるとほぼなにも見ることができない。何県か、高速道路が通っているか、情報はそれだけになってしまう。

くわしく説明しよう。もちろん、ネット地図でも縮尺を変えずにスクロールすることは可能だ。しかし、PC（あるいはスマホ）の画面のスクロールは速すぎて（それは指＝脳の速度に依

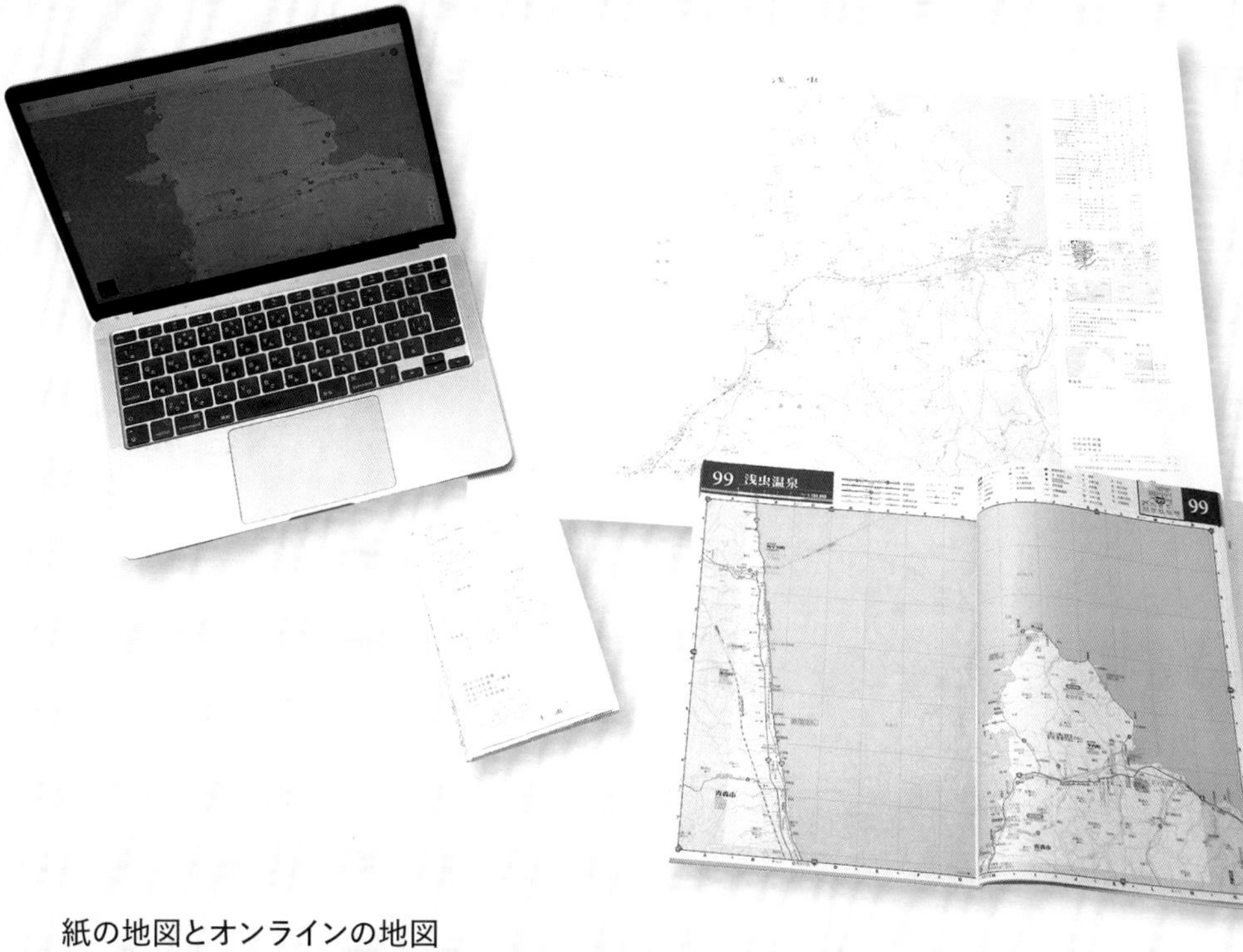


**紙の地図とオンラインの地図**

青森県の夏泊半島付近を、国土地理院の5万分の1地形図「浅虫」、昭文社の10万分の1マックスマップル「東北道路地図」、そしてグーグルマップで見てみた。情報量、プランニング時の使い勝手などを想像していただけるだろうか

存するのだが）、情報を見飛ばしてしまう。

なにかを得ようと思ってスクロールすれば、もちろん指を（あるいはマウスを）止めることもできる。しかし「なにかを得よう」と意図しなければ、情報は目の前を通り過ぎていってしまう。そうならないのが紙の地図だ。

それはなぜか？　紙の地図は、製作の（あるいは販売の）都合上、縮尺が固定されているのだ。だから情報の量は縮尺によって固定されてしまう。

さらに細かい話になってしまうが説明しよう。20万分の1や25万分の1あたりの縮尺の地図では、駅前のコンビニを表示するのは困難だ。20万分の1では１㎝が２㎞、１㎜が２００ｍになる。この２００ｍの間にもし５つの交差点があれば（都会ならよくある）、１㎜のなかにこの５つの交差点を印刷するのは不可能だから、当然のように省略される。つまり、町なかの路地のような道、もしくは読者の皆さんの家の近くの道路は、多くの場合、その20万分の1の地図に描くことができないのだ。

ネット地図では、拡大するに従ってコンビニなどが見え始めるが、それは「拡大しないと見えない」ことでもある。つまり、情報を得ようとしないと（＝手動で拡大しないと）コンビニはおろか駅さえも見えてこない。それでは、駅やコンビニがないことになってしまう。

紙の地図はそういうことがない。一定の縮尺で製作されているから、必要な情報は必ず手に入る。20万分の1ロードマップなら駅が、10万分の1ロードマップならコンビニの情報が確実に（とは言いすぎだが）手に入るのだ。

同じことが道路そのものにも言える。僕たちが走るような林道（＝ここでは「未舗装だが通り抜け可能な道」の意）は、おおむね10万分の1のロードマップで見つけることができる。それより細かい、国土地理院の５万分の1や２万５０００分の1地形図では、更新間隔が長いため、新しい林道がまだ描かれていない場合があるが、昭文社などの10万分の1ロードマップはほぼ毎年更新されていて、新しい道を見つけることができたりする。

国土地理院発行の５万分の1地形図や２万５０００分の1地形図は、古くから登山者や山岳志向のサイクリストに愛用されてきた。５万分の1地形図は５００ｍが１㎝で表現され、横幅50㎝ほどのなかに25㎞の範囲が

描かれている。このサイズ感が自転車にはピッタリなのだ。

2万5000分の1のほうは250mが1㎝で表現され、かなり細かい地形まで表現可能なので、車道を外れて山岳地帯に踏み込むような場合はこちらを用意する必要がある。地形を表現する等高線も10m刻みで描かれるので、ちゃんと読み取れれば道の上り下りなども細かく判別できるのだ。

インターネット上に地図が登場するまで、というか国土地理院が電子国土基本図を元にしたウェブ地図を公開するまでは、この2万5000分の1地形図、そしてそれを4枚分集成（編集）して作られた5万分の1地形図が日本中を網羅していたので、サイクリストはこれを利用するのが当たり前だった。

サイクリングで必要な範囲の5万分の1地形図を買い求め、使いやすいように四角く折って（折りかたにも流派がある）、フロントバッグのマップケースに入れて走る。裏が白い普通の紙なので、鉛筆やボールペンなどでメモを書くこともできる。通った道を赤鉛筆でなぞり、走破した証にしている人もいた。

5万分の1地形図には道路や鉄道、河川や山頂が描かれているが、建物に関しては公共性の高いものしか描かれない。つまり、駅や市役所や警察署や病院は描かれるが、スーパーやコンビニは描かれていない。そのあたりがロードマップに負けるところで、前もってロードマップから地形図に転記しておく必要がある。

**■オンライン地図**

たとえばグーグルマップで計

**地形図を見ながら走る**
5万分の1地形図をフロントバッグのマップケースに入れる

**たたんだ状態の5万分の1地形図**
「高浜からつくばりんりんロード」で使用した4枚の5万分の1地形図

画を立てるときの最大の武器は、A地点からB地点への距離（直線距離ではなく、道のり）の計測だろう。パソコン上なら経由点を追加したり、経由点そのものをドラッグして移動させ、異なった経路での距離を測ったりすることが容易だ。紙の地図で道をなぞりながら距離を測るにはキルビメーターという道具があるのだが、もうそれを使う人は多くないはずだ。

同じく、A地点からB地点への高低差を知ることも、グーグルマップでは簡単にできる。自転車モードが機能するなら自転車モードで、機能しないようなら徒歩モードで確認しよう。

ただしこのグーグルマップの自転車モード、どうやら対応している県はまだ限られているようだ。徒歩モードでは大きく迂回させられるコースが自転車モードではまっすぐ行くことができたり、その逆だったり、トンネルを抜けるコースなのに高低差はトンネルの上の山越えで計算されていたりと、まだ完璧とは言えないのだが、便利なこと

「Strava」（左）と「スーパー地形」（右）の稼動画面

Stravaの有料会員ならルートを作成してガーミンなどに表示可。スーパー地形は国土地理院地形図ベースにコンビニなどの情報が追加

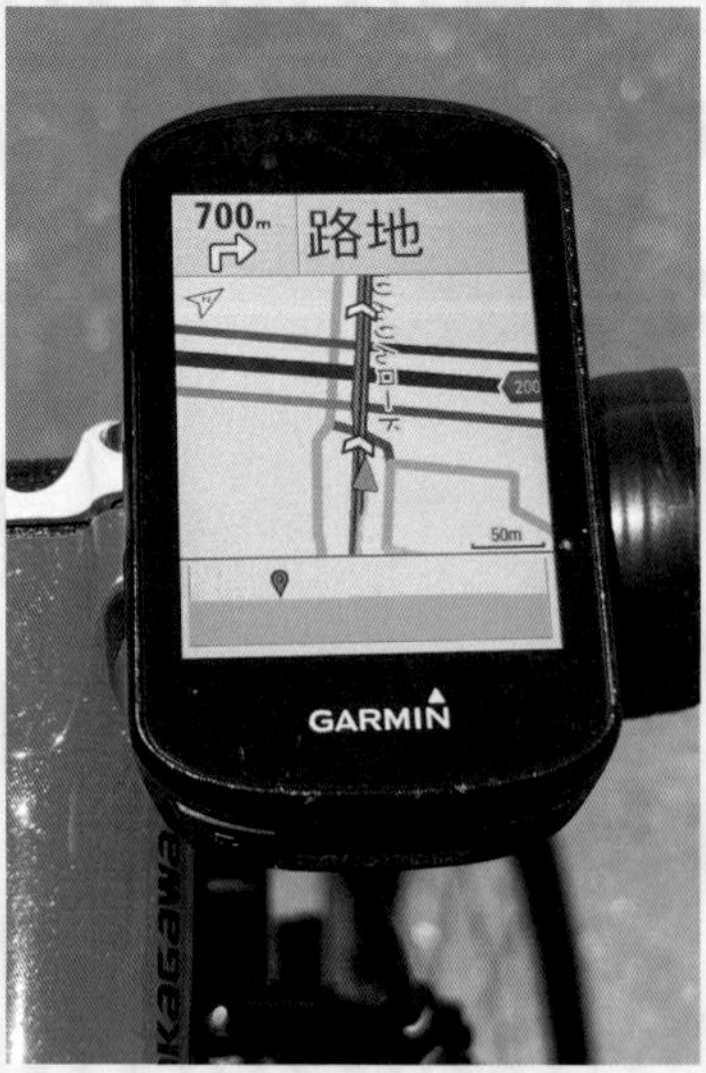


サイクルコンピュータの雄、ガーミン

Stravaで作成したルートに従って、ガーミンにナビしてもらいながら走ることができる

はたしかだ。

プランしたコースをガーミンなどGPSを搭載したサイクルコンピュータにダウンロードしてナビゲーションさせたり、同様にスマホにダウンロードしてアプリにナビさせるのも便利だ。

僕はA地点からB地点へただひたすら走るようなサイクリングにはあまり魅力を感じないため、ナビに頼る機会は少ないのだが、アプリ「Strava」などのナビ機能を使ったり、走行記録を残して特定区間のタイムを競ったりしている人は周囲にたくさんいる。

また、国土地理院がウェブ地図を公開したおかげで、これとGPSを利用して山岳地帯での現在地を把握することが容易になった。僕が使っているのは「スーパー地形」だが、「ヤマレコ」や「Strava」など、機能こそ違えど現在地の（詳細な）把握には便利なアプリがいくつか出回っているので試してほしい。

## 時刻表を利用する

ここはぜひとも大型時刻表を利用したい。交通新聞社の『JR時刻表』とJTBパブリッシングの『JTB時刻表』が双璧だ。ほかにも何種類かの時刻表が書店に並んでいるが、携帯性を意識する場合を除いて、大型一択だ。時刻表という中身が同一なら、大きくて見やすいにこしたことがないのは言うまでもない。そして、小さくても値段の差はそれほどではない。

ページをめくれば、最初のほうに路線図が掲載されている。これを見れば、自分のいる地域からどの路線をどこで乗り換えればどこに行けるという、ごく基本的な情報が手に入る。

旅行好きな人なら当たり前かもしれないが、この路線図が頭に入っているか否かで鉄道の利用法は大きく異なる。グーグルマップやインターネット上の各種乗り換え案内は便利だが、合理的な（所要時間的に短い、あるいは費用的に安い）乗り換え地点しか伝えてくれない。

**紙の時刻表**

1kg近い紙の時刻表はずっしりと安心感がある。第三種郵便物の認可が理由で1kgを超えないようにしているらしい

ネット上の時刻表としては、スマホやタブレットのアプリとして有料サービスのデジタルＪＲ時刻表（交通新聞社）が登場している。ネット環境が必須となるが、内容は紙の時刻表に近く、検索機能などは紙の時刻表を凌駕している。

紙の時刻表より安価なのもいいが、時刻表のページに何ヶ所も指を突っ込んで、行き来しながらあれこれ悩む機能は搭載されていない。僕としてはやはりまだ、紙の時刻表に愛着があるのだろう。

輪行サイクリングにおいては、鉄道を主とした公共交通機関の利用が基本となる。そこで、この路線図を利用し、サイクリングの起点となる駅までの経路を確定する必要があるのだ。もちろん、復路に関しても同じことが言える。自分が向かう方向を主体的に選び、乗り換え駅を検討するという、旅をネット上のものから自分の手のひらに取り戻す作業が、この時刻表なのだ。

夢のような話だが、デジタルＪＲ時刻表が地図機能と連携したりしたら、それこそ自転車乗りにとっては最強なのではないか。道路と鉄道を完全にクロスオーバーさせて遊ぶのは、サイクリストだけかもしれないが。

## プランを立てる

### ■目的地が決まっている場合

どこをどう走るかを考えるのはとても楽しい作業だ。目的地が決まっている場合は話は早い。そこにどうやって行くかを考えるだけだ。

ただ、一番近い駅から目的地まで、最短距離を走るだけではつまらない。駅から目的地までの道のりに名所旧跡を加えたり、カフェに立ち寄ったり。同じ駅に戻ってくるとしても、できれば往復でコースを変えたほうが楽しいだろう。

駅から目的地まで10kmもないような楽なプランでも、実は目的地が山のてっぺんだったり、途中にすごい峠が立ちはだかって、別の駅からアプローチしたほうがいい場合だってある。しっかり地図を読んで計画したい。地形を、標高差を含めて判断するのは、地形図を使うのがベストだというのが僕の考えだ。

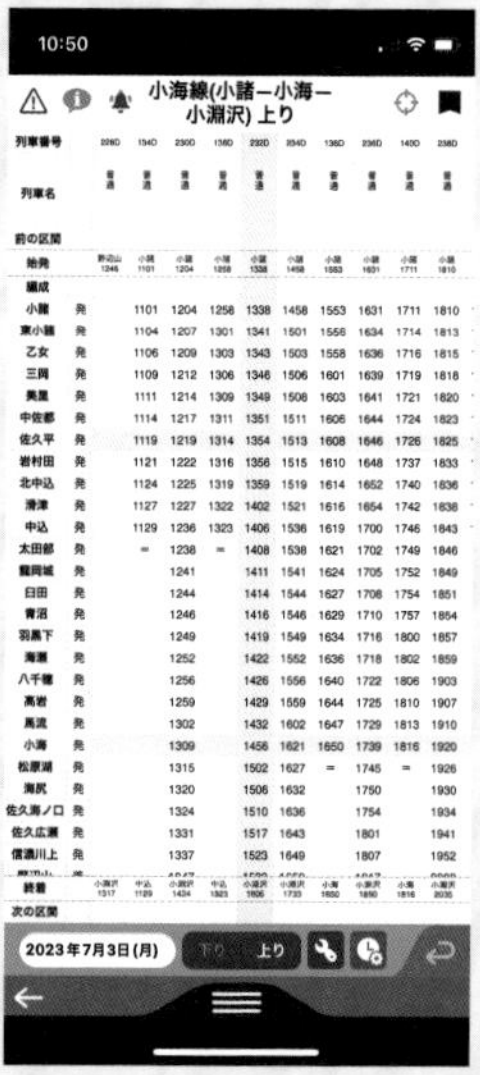


**デジタルの時刻表**

紙の時刻表がそのままスマホに入っているだけではなく、Ａ駅からＢ駅への現在時刻での検索機能などももちろん搭載されている。路線バスや航路がないのが残念

## ■通る道が決まっている場合

ドライブウェイやスカイライン、サイクリングロードなど、通る道が決まっている場合もプランの立てかたは似ている。鉄道の駅からその道へ、どのように接近するか。最寄りの駅という考えかただけではなく、周辺の駅からその道までの間に、なにかおもしろい道、場所、地形はないか。そんなことを気にしながらコースを決めていこう。

最短距離を走り、名所見学やスイーツに舌鼓を打つのもサイクリングだけれど、寄り道を楽しみ、ネット上では知り得なかったことを知る楽しみもサイクリングだ。

筑波山を越えて終わりにせず、つくばりんりんロードを走ろうなどというプランは、そんな風に考えて生まれるものだ。

通る道という点において、旧街道は味わい深い選択肢のひとつだ。道そのものに歴史があり、景観的にも多くの場合は魅力的だ。新道やバイパスに串刺しにされ、走り通すのが難しい道もあるが、旧道探し自体を楽しめるようになれば最高だ。

## ■なにも決まっていない場合

僕は「なにも決めない」プランもアリだと思っている。通る道も目的地も決まっていない。ただし「出かける」というところが決まっていないと出かけられないから、とにかく出かけてしまおう。輪行袋を担いで始発列車に乗るのだ。そして、車窓風景で降りる駅を決める。降りた駅で交通系ICカードが使えなかったらちょっと困るが、これはプランの話じゃないか。

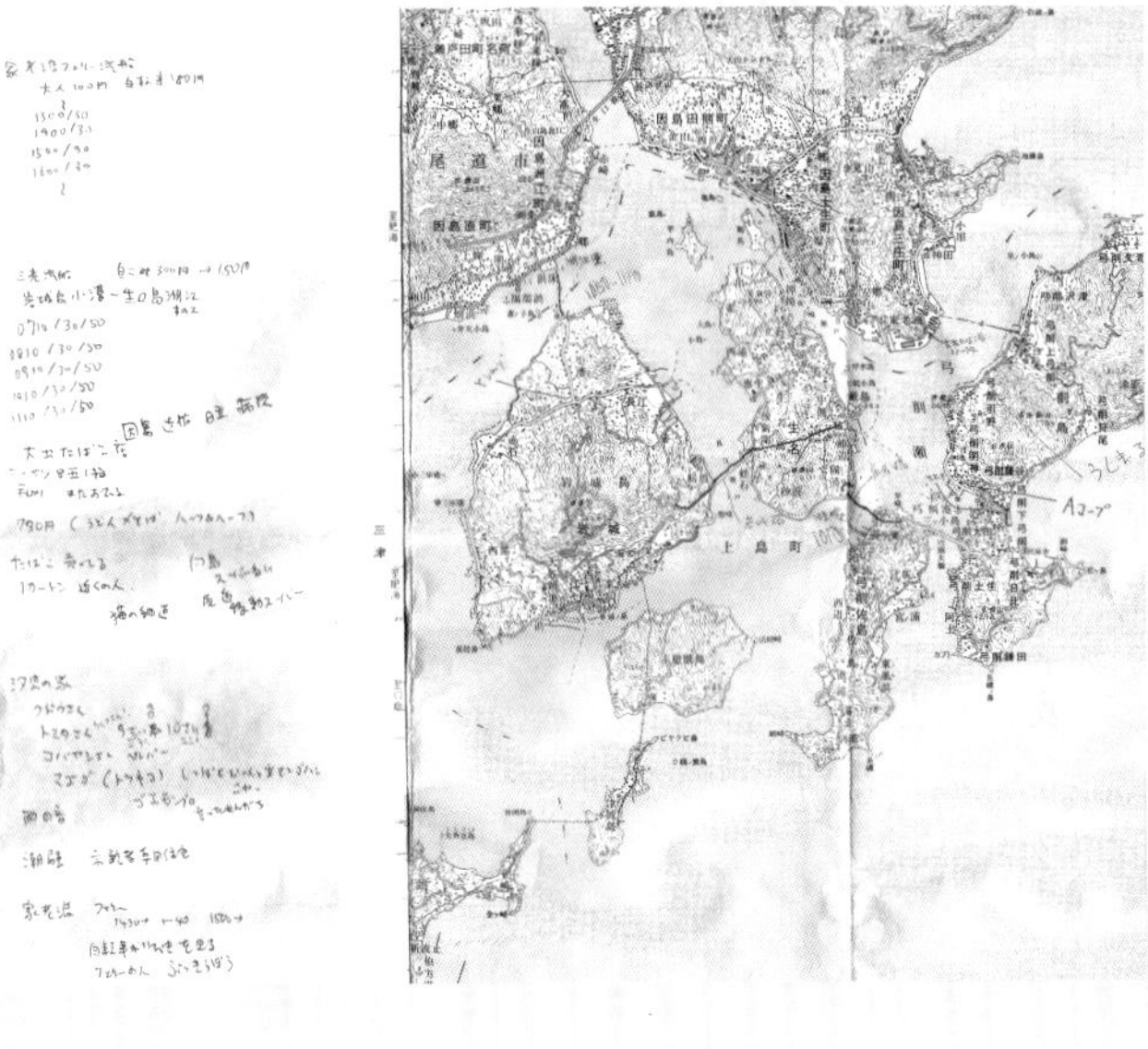

**計画時における地形図への書き込み例**

しまなみ海道をプランする際には、地形図には新しい道や橋がまだ記載がなかったので、グーグルマップなどを参考に加筆。裏面には主だった渡船の時刻もメモしておいた(国土地理院5万分の1地形図「土生」)

輪行サイクリングの知識と基礎 3

# 服装と装備、そして自転車

## 服装

あくまでも僕の場合だが、輪行サイクリングの服装についても簡潔に述べる。

まず、輪行サイクリングの特徴として「自宅から走り出して自宅に戻るサイクリングではない」という点、そして「鉄道（あるいは他の公共交通機関）に乗る」、「着替え等も自力で運ぶ」という点に留意したい。

つまり、鉄道に乗っている間は、たとえば真夏なら車内は案外寒く、外はかなり暑いことが想像できる。飛行機もけっこう寒い。

また、雨具も自力で持っていかないといけない。泊まりがけの場合は着替えも必要かもしれない。夏以外なら防寒具も。

そして冬は暖かければ脱いだ上着をしまう場所もほしい。輪行サイクリングは自己完結型だから、こういったことに対する多少の工夫が必要だ。

## 春と秋の服装

**■日帰りの場合**

汗の乾きが速い、あるいは吸湿性のない下着（僕の場合はモンベルのウイックロン）。長袖のシャツ。厚手か薄手かは走る地域の気温と、どのくらいの標高まで上がるかで決める。一般に標高が１００ｍ上がると０・６℃下がるとされており、１０００ｍ上れば６℃下がる。

同じく風速は１ｍで体感温度は１℃下がると言われている。つまり下り坂での時速36㎞は風速10ｍに相当するので、10℃下がって感じるはずだ。それらを考慮して寒い側の準備をする。

ただし準備しすぎると荷物が多くなって大変なので、下り坂が短ければ「我慢する」もしくは「ゆっくり下る」という選択

## 春と秋に用意するウエア

### Tシャツ

汗の吸収に優れ、速乾性も高い素材のもの。背中にポケットのある自転車用ウエアもいいが、Tシャツは自転車を降りてからも違和感がないのがいい

### 中厚手のシャツ

長袖シャツは暑くなれば袖をまくる。ボタンシャツはフルオープンにもできる。胸のポケットも重宝。アウトドア系のシャツがやはりオススメ

### 薄手のフリース

以前は薄手のウールセーターを使っていたが、フリース素材の薄手のものが出てからはもっぱらこちら。坂を下るときが一番寒いのだ

### レインジャケット

30年以上、ほぼゴアテックス一択。一度だけ透湿性の低い他の素材を使って、すぐにゴアの優位性を実感した。表面生地は薄く、折りたたみ寸法が小さいものを選ぶ

肢も設ける。

パンツは七分丈のもの、いわゆるニッカーだ。CCPとモンベルのものを愛用している。

靴はシマノのSPDシューズ。何種類もあるなかでチョイスしているのはソールが極力柔らかいもの（ペダリングロスはあるのだが歩きやすいほうが僕には優先）、そしてBOAダイヤル装備で脱ぎ履きが容易なもの。ただ、そういったモデルはすぐ廃番になるところを見ると、需要は多くはないのだろう。今買うならMT5かな。

手袋も気温や標高を考慮して指切り、指つきを選ぶが、これは両方持っていってもそれほど荷物にはならない。

天気予報がたとえ晴れでも、僕は雨具（少なくとも上着）を持っていく。僕は少し登山も楽しむので、これはそちらサイドから学んだ鉄則だ。「天候は急変することがあり、ときには命に関わることもある」。

## ■宿泊を伴う場合

宿泊先に浴衣《ゆかた》などがあることが大前提で、そうでなければ1泊くらいならその服のまま2日間過ごす。ただし雨で濡らしてしまったら辛いことになるので、濡らさないことが大前提。というわけで雨具は上下とも必ず持つ。雨具はゴアテックス一択、これは30年以上変わらない。

2泊以上なら下着類は1セット持つ。そして宿で洗って乾かす。当然のことながら速乾性の素材をチョイスする。

手袋は、天気予報によってはレイングローブも持っていく。同じくシューズカバーも天候によってはあったほうがいい。

**SPD シューズ**
ペダリングを考慮するとビンディングがついたものが楽だ。歴代のシマノの製品を愛用している

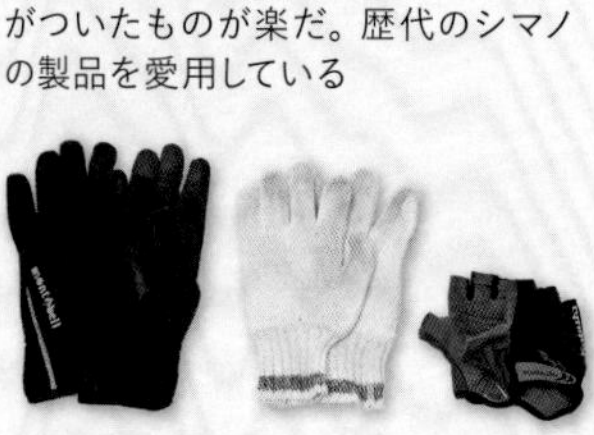

**グローブ類**
左からモンベルのウインドストッパーグローブ、純綿軍手、オージーケーカブトのSPGレーシンググローブ

**レインパンツ**
こちらもゴアテックスを使っているが、サドルに擦れてゴアが剥離するため寿命が短い。すそを留めるバンドを常備する

**ニッカー（七分丈パンツ）**
ロングパンツはすそがチェーンホイールとチェーンにかみ込むので好きではない。ニッカーを愛用している

## 夏の服装

**■日帰りの場合**

Tシャツに短パンでもなんでも、好きな服を着ていけばよい。ただし列車内のエアコンが寒いので、雨具の上着くらいは持っていったほうがいい。春秋の項で述べた通り、標高の高いエリアに行けば下界とは10℃、20℃違うこともあるので、それに耐えうる防寒具か気合いか、カゼをひかない体力を用意する。

夏ならではの雨具としてはポンチョがある。上からバサッと被るだけなので非常に風通しがよく蒸れにくい。しかも脱ぎ着がしやすい。デメリットとしては大型車両や突風にあおられやすい点と、そもそも泥除けつき自転車でないと下からのはね上げで悲惨なことになるくらいだ。

**■宿泊を伴う場合**

宿泊先に浴衣があれば、その日着た服は洗って乾かせるだろう。

**天候によっては重宝するもの**

雨天での走行が予想されるときは、レインシューズカバーやレイングローブ、それにバッグのカバーも準備する

## 冬の服装

**■日帰りの場合**

下着はモンベルのジオライン・エクスペディションウエイトのロングスリーブ。ハーフジップがついていて、すごく暖かい日ならこれ1枚で走れる気もする。その上に中厚手のシャツ（ウイックロンかウール）、クリマプラス200程度のフリース。

さらに外側の防寒はレインウエアが担うが、僕が使うやつは軽くて薄手なので（モンベル・ストームクルーザー）、加齢とともに寒さに耐えられなくなりつつある。天気が晴天以外で、2月とか3月のとても寒い時期には、収納時にはコンパクトになるダウンジャケットを持ってい

**ヘルメット**

オージーケーカブトのトップレンジモデルを愛用（写真はイザナギ）。軽くて通気性がよく、フィット感も完璧だ

くケースもある。

手袋はもちろん指つきだが、自転車のグローブはなかなか過酷な状況で使われるので、チョイスが難しい。外気温が低く、さらに下り坂で風を受ける。場合によっては濡らすこともある。防水はがっちり、保温も分厚くしたいところだが、しかしブレーキや変速の（場合によっては細かい）操作もしなければならないのだ。

グローブに関しては今のところ決定打はないが、モンベルの自転車用を選ぶことが多い。

シューズはシマノがときどき出すSPDのミドルカットのものを使うが、ビンディングペダルでのペダリング効率よりも雪道の歩行を重視して軽登山靴を履くこともももちろん、ある。それらに合わせたスパッツ類も、走るエリアによっては用意しな

## 冬の日帰りで用意するウエア

①パンツはニッカーを基本にしている。真冬はアンダータイツを併用　②ウインターキャップはヘルメットの下に被る薄手のもので、かつ耳を覆うもの。これはファイントラック製　③フリース　④ネックウオーマー　⑤中厚手のカッターシャツ　⑥登山用のアンダーシャツ。厚さ違いを何種類か用意している　⑦ニッカー用のニッカソックス。今やハリソンとモンベルにしかないので買い置き必須だ　⑧ウインドストッパーグローブ

いと足先が凍ってしまう。

ヘルメットの下に被るインナーキャップは、ヘルメットのサイズを変えないとすれば極力薄いほうがよく、そして薄くても耳まで覆ってくれればかなり効果がある。モンベルのサイクルワッチキャップも使っているが、自転車ウエアの老舗、パールイズミのもののほうが僕には使用感がいい。

ネックウオーマーも必需品だ。北海道などかなり寒い地域を走るなら、むしろ目出し帽（バラクラバ）のほうが安心だ。

## ■宿泊を伴う場合

宿泊時の浴衣等に関しては他の季節と大差はない。宿泊施設にもよるが、濡らしたものが乾きにくい季節であるので、洗濯などは少し考えたほうがいい。逆に、汗をかきにくい季節なので、下着類を毎日換えなくてもいいのでは、と僕は思う。

気になるのは「翌日の天候」だ。出かける当日の天気は、かなり精度の高い予報をアテにできるが、翌日となると少し精度が落ちる。そこで必要になるのが、想定外の天候への対策だ。特に雪。

靴をはじめとして衣類を濡らしてしまうと、その日に帰宅するのでなければ、対応は大ごとになる。靴は宿の人に新聞紙をもらって、下着類は干して乾かす（乾くまでの間は脱ぐので、普通に考えてスペアが必要になる）。しかし分厚い手袋や靴下はなかなか乾かない。それらのスペア、そしてまず「濡らさないための装備」、つまりロングスパッツ（および防水仕様の靴）が必須になってくるだろう。

## 状況によっては必要になるもの

### ダウンジャケット

真冬の下りと休憩時（あるいはキャンプ！）にのみ必要なものだが、コンパクトに収納できるので非常に便利

### アンダータイツ

下半身は上半身に比べ暑さ寒さに鈍感ではあるが、真冬や高地なら履いていったほうがいい

### トレッキングシューズ

冬季、路面に積雪が予想される場合（除雪が行き届いているとしても！）、トレッキングシューズで出かける

### SPDシューズ

冬季、明らかに全行程が乗車可能なコースの場合にはゴアテックス仕様のSPDシューズを使う場合もある

### ウインターキャップ

ヘルメットと併用するため薄手であることが重要だ。モンベル、ファイントラック、パールイズミを愛用

# 装備

僕が30年以上使っている装備リストの使いかたは、準備段階でまず必要なものにマルをつけて、それを用意したら斜線で消してチェックするというものだ。

30年の間に装備は少しずつ変化していて、今ではモバイルバッテリーなどが追加されている。変わらないのは応急修理用のガムテープとか、万能タオル兼三角巾代わりの日本手ぬぐいだ。

行きつけの理容店がくれた小さな石鹸は髪の毛も身体も洗えるやつで、これも重宝している。自転車を分解したり組み立てたりすると少なからず手が汚れるので、これをキレイに洗えるのはなかなか気持ちのよいものだ。

輪行サイクリングの基本装備

①オーストリッチ・F-104N-Lフロントバッグ（オオマエジムショオリジナル） ②モンベル・日本手ぬぐい ③ニコン・D5デジタル一眼レフカメラ＋35mm単焦点レンズ ④スペアチューブ1本 ⑤モンベル・ストームクルーザーレインジャケット ⑥モンベル・ストームクルーザーレインパンツ ⑦パイネ・小物ポーチ ⑧洗髪もできるミニ石鹸 ⑨ポケットティッシュ ⑩マキロン消毒液 ⑪無印良品・木軸六角ボールペン ⑫バーコ・100mmモンキーレンチ ⑬Y字ボックスレンチ（8-9-10mm） ⑭VIVA・マルチスパナ（ヘッド小物32mm＋ペダル15mm） ⑮布ガムテープ ⑯シルバコンパス ⑰クランクブラザーズ・マルチ17（アーレンキー、ドライバー、チェーン切り、ニップル回し） ⑱チップトップ・パンク修理パッチキット ⑲パークツール・タイヤブート（タイヤがバーストしたときのパッチ） ⑳フルクラム・タイヤレバー2本 ㉑オオマエジムショ・SL-100S輪行袋

## 装備チェック表

【必須】

地図

食料・飲料

お茶セット

非常食

医薬品

携帯電話・充電ケーブル・モバイルバッテリー

カメラ・レンズ・メモリーカード・スペアバッテリー・カメラレインカバー

【衣類】

着用（　　　　　　　　　　　　　　　　　　　　　　　　　　）

持参（下着・カッターシャツ・フリース・薄手フリース・靴下・雨具上下・スパッツ・手袋・帽子）

【用品】

ヘッドランプ・予備電池・コンパス・ナイフ・ブキ（カトラリー類）・水筒・工具（ガムテープ・針金・自転車用各種）・コッヘル・ストーブ・燃料・ライター

【その他】

手帳・ペン・手ぬぐい・保険証・サイフ・運転免許証・赤テープ・裾留め・ストラップ・クレジットカード・洗面用具（歯ミガキ粉・歯ブラシ・シャンプー・洗顔フォーム・石鹸・ティッシュ）・腕時計

# 自転車

僕がツーリングに使っている自転車は主に3台、そして山岳地帯用の「パスハンター」が1台ある。ほぼ共通な仕様としては650Bのホイール（1台のみ650Aホイール）で、これは僕の体格と、市場にあるタイヤのバリエーションとして最も適した選択だと思っている。

また、パスハンター以外には泥除けとキャリア（荷台）がついていることも重要な要素だ。泥除けは雨の日に、ではなく、雨上がりの道でこそ効果を発揮する。雨上がりのダートを気持ちよく下りたいのに、水たまりを避けてばかりでは楽しくない。

そして荷物は、車道を走るかぎりはキャリアに載せたフロントバッグやサドルバッグに積んだほうが身体ははるかに楽だ。ただ、自転車を担いだり、シングルトラックを下ったり、パスハンターが活躍するシーンにおいては、荷物はザックで背負ったほうがバランスがいい。

シフトレバーの位置は、電動変速機のモデル以外はすべてダウンチューブ（113ページ参照）だ。シンプルな機材のほうが旅先での修理が容易な点、そして輪行のとき、ハンドル回りにシフトレバーがあるとそのワイヤーの処理が非常に面倒な点が理由となっている。

以下に、4台の自転車の仕様と用途を簡単に紹介しておこう。

## ランドナー①

ビーズオレンジのランドナーで、フレームは前三角がカーボン、その他がクロモリで作られている。後輪側のダイナモからヘッドライトまでの電線を完全に内蔵した、凝った自転車。舗装もダートもこなすオールラウンドなサイクリング車だ。

タイヤサイズ＝650×36B／グランボア・リエール
カンティブレーキ＝IRD・Cafam

**自転車への積みかたあれこれ**

ロードバイクならリアキャリアを追加するか（写真上）、前後に長いタイプのサドルバッグをサドルに取りつける（写真下）

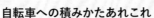

## ランドナー②

ブルーのランドナーで、フレームはクロモリ、フォークがカーボン。電動変速機、ディスクブレーキ仕様なので泥除けとキャリアを外してしまえばグラベルバイクと見間違える。とくにディスクブレーキは雨や雪のコースで威力を発揮する。

タイヤサイズ＝650×33B／ドネリー・MXP

ディスクブレーキ＝シマノ・アルテグラR8070

## ランドナー③

ワインレッドのランドナーで、フレーム・フォークともクロモリ。前の2台にくらべ少しタイヤが細く、軽快な走りが身上だ。フロントバッグのみのサイクリ

**現在乗っているブルーのランドナー**

津軽半島で乗った自転車。3月の青森ということでブロックパターンのタイヤをチョイスしたが、そもそもブロックパターンはMTB用のものがほとんどで、ランドナーに装着するには太すぎる。そのなかでこのドネリー・MXP（33B）とコンチネンタル・テラスピード（35B）が使えた。細かいところではサーモスの保温ボトルFJF-580や、トレッキングシューズと相性抜群の三ヶ島ペダル・ゴルディートが特徴的だ

ングだけでなく、サドルバッグのみでのミニマムなサイクリングも楽しい。
タイヤサイズ＝650×35A／パナレーサー・ツーリング
カスタム・オオマエジムショオリジナル
カンティブレーキ＝グランボア・ミラン

## パスハンター

ガンメタのクロモリフレームには泥除けやキャリアなどを取りつけず、自転車を積極的に担ぐようなコースに投入する。ブレーキは効率のよいセンタープルブレーキで、シングルトラックでの制動にも心強い。
タイヤサイズ＝650×36B／グランボア・リエール
センタープルブレーキ＝グランボア・シュエット2632

**現在乗っているワインレッドのランドナー**はこね金太郎ラインで乗った自転車。このコースは全行程舗装なのがわかっていたので、650×35Aという僕としては細身のタイヤの自転車で出かけた。フロントバッグと、サドルの下にはレインウエア上下をひとつのスタッフバッグにパッキングしてある。この自転車はもともと神田にあった輪行車の元祖、アルプスの「クライマー」をモデルにしていて、完成したときアルプスの萩原浩さんから「そっくりじゃないか！」と言われてうれしかった

向島から因島大橋を望む

輪行サイクリングの旅

3

# しまなみ海道とゆめしま海道

日本のサイクリングに新たなランドマークを築いたしまなみ海道。
この道をゆめしま海道とつないで、
瀬戸内の島々をアイランド・ホッピング

〈行程〉
JR山陽本線尾道駅－向島－因島－弓削島－佐島
－生名島－岩城島－生口島－大三島－伯方島－
大島－JR予讃線今治駅

〈走行距離〉
93km

「サンライズ」に乗りたかった。寝台特急が好きというより、夜行列車が好きなのだ。新宿23時55分発のあの中央線夜行鈍行（もともと長野行きだったが僕的には松本行きが青春）や、東京発23時25分の大垣夜行が忘れられない。寝ている間に遠くに連れていってくれて、朝起きたら見知らぬエリアに走り出せるあの感触がたまらない。とりわけあのカーペットカー、「のびのび雑魚寝《ざこね》シート」が大好きだ。

以前、札幌〜函館間にあった「ミッドナイト」はついに乗り損なったが、上野と青森を結ぶ「あけぼの」の「ゴロンとシート」には乗ることができて、冬の酸ヶ湯温泉に走りに行った。「はまなす」と「北斗星」には自転車仲間と滑り込みで乗り鉄した。このサンライズに乗るのは僕にとってはもはや必然だった。

問題はツーリングのプランだ。「サンライズ出雲《いずも》」なら岡山を越えて米子《よなご》や松江方面まで遠征可能だし、「サンライズ瀬戸」なら四国の高松まで行ってくれる。帰路もまたサンライズというのも不可能ではないが、往路の味わいを心に刻むためには、ダブルサンライズは避けたほうがいい気もする。

どちらも東京からかなり遠方へと連れていってくれるため、帰りはつい飛行機に乗りたくなるかもしれない。鉄路で帰ってくるにはそれなりの時間がかかるから、そこそこ早めの時刻に走りを切り上げないと、東京まで帰ってこられない。

サンライズを基準につらつら考えていたが、ある日、大本命を見落としていたことに気がついた。しまなみ海道である。

今や日本中の誰もが知っているとさえ思える「しまなみ海道」。僕が中学受験を志していた１９７０年代後半には本州と四国を橋で結ぶ「本四《ほんし》連絡橋」はまだ工事が始まったところで、社会科の出題対象だった。今でも暗記している。明石《あかし》・鳴門《なると》ルート、児島《こじま》・坂出《さかいで》ルート、そして尾道《おのみち》・今治《いまばり》ルートの３つだ。

１９９９（平成11）年に尾道・今治ルートが開通してこれら3本の道と橋が通れるようになると、この尾道・今治ルートにだけは橋ごとに自転車と歩行者が通ることのできる道が整備され、有料ながらも本州から四国へ、自転車に乗って往来ができるようになった。

僕はそのころ、日本サイクリング協会の仕事で走りに来た。まだカメラはデジタルではなく、写真はポジフィルムだった。

広島県尾道から順に尾道大橋（新尾道大橋）、因《いんの》島大橋、生口《いくち》橋、多々羅《たたら》大橋、大三《おおみ》島橋、伯方《はかた》・大島大橋、来島《くるしま》海峡第一大橋、第二大橋、第三大橋があって愛媛県今治に至る。これらの橋を渡りながら通る島は向《むかい》島、因島、生口島、大三島、伯方島、大島の６つ。橋が架からなければ、旅やサイクリングで訪れることはおそらくなかった島々だ。

開通から23年。尾道駅から今治駅までの75㎞ほどの道路上には、初めての人が地図やナビがなくても間違えそうにないくらいていねいにブルーのラインが引かれ、途中には数多くの道案内の標識がつけられた。国土交通省からは「ナショナルサイクルルート」としての認定を受けているらしい。聞くところによると海外からの旅行者にもこのルートの人気は高く、案内の類いには欧文表記も多く見ることができた。

今やしまなみ海道といえば自転車というくらいに認知され、僕の周囲にも行ったことのある人が（レンタサイクル利用も含めて）増え続けている。その昔、「しまなみ海道なんてどうせ自動車専用道の側道。本当のサイクリングは旧街道や峠越えだ」的な発言をした僕をこっぴどく叱った友人がいたが、結局はその友人のほうが正しかった。この国のサイクリング人口を増やしてくれた一端を、しまなみ海道が確実に担ってくれた。

しまなみ海道のブルーラインが引かれた車道区間はちゃんと交通量少なめ、アップダウン（できれば）少なめなルートが選ばれている。そして沿道にはもともとあったお店に加えて新しくカフェやレストランができ、さらに既存のお店などに「サイクルオアシス」と名づけて空気入れを常備したり、トイレ、給水などのサービスを提供してくれるようになった。「官民一体となって」なんて文章は僕のガラではないが、本当にそんなことがここでは実現しているのだ。

## サンライズ出雲で尾道へ

というわけでサンライズ出雲に乗り込む。21時50分東京駅、9番ホーム発。のびのびシートは5号車で、実は乗ってみるまで輪行袋がどこに置けるかわからなかった。ネット上ではのびのびシートで輪行袋と添い寝している写真もあったが、それで8時間は狭すぎる。ちょっとご勘弁願いたかった。

同行のスギヤマさんは以前4人でこのサンライズを利用したそうだが、そのとき輪行袋は通路に置いたらしい。いずれにせよ列車内での大きな荷物はお互い譲り合って迷惑にならないようにしたいものだが、輪行袋はそれなりに大きい。邪魔だと思う人もいるだろう。

スギヤマさんは僕のお店に自転車を買いに来てからもう5年、いつの間にかゆるいスタッフとしてお店の仕事をときどき手伝ってくれている女性だ。

初めて来たときには軽快車しか持っていなかったはずだが、今はロードにランドナー、そしてミニベロ（小径車）も持っていて、上り坂はかけ値なしに僕の2倍は速い。

列車に乗り込むと答えはすぐに見つかった。デッキである。ランドナーのフォーク抜き輪行はコンパクトになるので、通行の邪魔にならない感じでデッキに置くことができた。ロードバイクやMTBを縦型輪行袋ではなく横型のに入れると、デッキには置けない。ホッとひと安心して旅をスタートすることができた。

静かに眠るため、持ち込んだ缶ビールは少なめ。列車は横浜、熱海と過ぎて静岡県に入り、そのあたりで眠くなってきた。車内は暖かく、着てきたフリースは脱いで丸めて枕に。備えつけの薄い毛布にくるまって寝てしまおう。

途中、大きな駅の通過時に減速している様子に目が覚め、グーグル先生に現在位置を尋ねると岐阜とか米原だったりして、熟睡とまではいかないものの快適に眠り、姫路の手前での車内アナウンスで起きることになった。

岡山には定刻、6時27分着。ここから尾道までは山陽本線に乗り換えるのだが、平日とあってそろそろ通勤、通学の時間帯だ。一番早い列車に乗り継ぐことにしてホームに並ぶ。ちょうどボックス席に座ることができたけど、やがて車内はほぼ満員になり、その人たちがほとんど福山で降りてしまうと、車窓からは瀬戸内海が見えてきた。坂の街、尾道だ。

尾道駅で下車。海側、南口に出る。天気は晴れ、泊まりがけで出かけるときの天候は一種の賭けなので、これはうれしい。午前8時という、都会なら混雑する時間帯なのだが、ここではゆったりと時間が流れている。

さっそく輪行袋を広げ、自転車を組み立てる。今回、僕は電動変速機のついたランドナーで来ていて、フロ

猫の細道にて猫ちゃんに遊んでもらうスギヤマさん

JR尾道駅南口。お土産物屋のほか、セブンイレブンやリトルマーメイドなどがある

ントバッグはF104Nの背が高いモデルを持ってきた。リアにはサドルバッグサポーターを空荷でつけてきている。旅の途中でこいつを一度だけ使うシーンがあるからだが、それはまたのちほど。

スギヤマさんはいつものランドナーで、オーストリッチのF104Nフロントバッグと、リアにはイギリスへオーダーした大きなサドルバッグをつけてきた。

駅の構内を移動するとき、左右の肩にはフロントバッグとサドルバッグを担いで、それにもちろん輪行袋も持たないといけない。改札では切符を出さなきゃならないから、片手は空けておきたい。彼女はどうするんだろうと見ていると、大きなサドルバッグはショルダーベルトをたすきがけにして、そして右肩に輪行袋、左肩にフロントバッグを提げて、スタスタと歩いてくる。慣れているなぁ。

今日の行程は佐《さ》島まで、まっすぐ行けば30kmあるかないかなので、ゆっくり寄り道をしながら走りたい。スギヤマさんにリクエストをうかがうと、「猫の細道！」という答えが返ってきた。

駅のすぐ東、千光寺《せんこうじ》の中腹にある猫の細道は猫好きには有名な場所らしい。スギヤマさんが前回しまなみ海道に来たときは尾道でゆっくりできなかったそうなので、今回はそこに行くことにした。

いかにも路地裏といったたたずまいの小道に入って自転車を押していくと、猫の細道という看板に行き当たった。そこに自転車を置いてしばし散策。ちょっと変わった招き猫美術館とか、道ばたにひょいと置かれた猫の絵の石とか、そしてヨダレを垂らしたまま日なたぼっこする猫ちゃんとか。出会えた猫は多くはなかったけれど、尾道の路地裏を楽しめたひとときだった。

自転車に戻り、車道に出て尾道渡船に向かう。音楽を鳴らしているクルマに人だかりができていて、近寄ってみると移動販売のクルマだった。意外に思って尋ねると、実は尾道にはスーパーが少なく、住民は移動販売が頼りなんだそうだ。「尾道は隣の向島に住んでいる人が多くて、だから向島にはスーパーがたくさんあるんだけど」とのこと。なるほど。

## しまなみ海道を走る

いよいよこの旅最初の渡し船だ。目の前に見えている向島までわずか数分だが、ちょっとウキウキする。

やってきた船からクルマやオートバイが降り終わると、ごく自然にクルマが走り込んでいく。僕らもとりあえず自転車を押して乗り込む。係の人が手際よく集金に来て、大人100円と自転車10円を払う。あっという間に出航だ。船旅ではなく、ザ・渡し船。庶民の足として、クルマやオートバイや自転車が行き来するための船だ。

ものの3分ほどで向島に着くと、すぐ先の後藤飲料水工業所に立ち寄った。話し好きのお姉さんがラムネの飲みかたをレクチャーしてくれる。「ビー玉を落としたら即座に口に持って行かないとダメよ。ポン、パ、だからね」。そう言われながらラムネを注文したスギヤマさん、案の定プシューッと吹き出したところをどうにか口まで持っていった。

しまなみ海道を走るサイクリストたちが年中立ち寄って、お姉さんはいつもこうして楽しく話しているのだろう。

しまなみ海道のメインルートであるブルーラインは、最短距離で島を横切る国道から外れ、島の西端まで出ていって因島大橋へと向かっていた。僕は5万分の1地形図「尾道」をフロントバッグのマップケースに入

▲尾道渡船で尾道から向島へ渡る

▼尾道で見かけた移動販売車。品揃えはたしかに小さなスーパーマーケットだ

れているので、「おお、こっちに行くのか」と楽しみながら走っている。さすが尾道のベッドタウンと呼ばれるだけのことはあり、沿道にはスーパーやドラッグストアなどが潤沢にある。

島の西端に来るととたんに交通量はがくんと減って、御幸瀬戸《みゆきせと》と呼ばれる狭い海峡を隔てて岩子島《いわし》という小さな島が見えている。前方に因島大橋が見え始めた。けっこう高いところに架かっている。50mくらいかな？　尾道から向島へは船で渡ったので、僕らにとってはこれがしまなみ海道最初の橋だ。

因島大橋は1983（昭和58）年に供用が開始されていて、これはしまなみ海道で通る橋のなかでは2番目に古い。そして1270mという長い吊橋は、当時としては日本最大級だったそうだ。トラス構造の橋は二層構造になっていて、上に車道が通り、下の段に歩行者と自転車が通る道が作られている。

しまなみ海道サイクリングでは、橋が近づくたびに下の一般道から橋まで上っていき、渡りきったら下る。毎回、地味な上り下りがあるのだ。とはいっても距離は1㎞かそこら、標高差も数十mなので、あわてず騒がずのんびり行けばよろしい。この橋の場合、下をくぐって南側に行ってから上り口がある。道標が完備していて、迷うことなく因島大橋へと辿り着く。

しまなみ海道が自転車ルートとして開設された1999年当時、これらの橋を渡る区間は有料だった。期間限定で無料化が試され、近年はそのまま自転車と歩行者に関しては無料化が続いているが、原付バイクは有料なので、無人の料金所が作られている。

全面フェンス張りの橋は50mという高さをあまり感じさせないが、これでも高所恐怖症の人は苦手らしい。いくつもの橋を渡っているうちに慣れてくるか、それとも引き返したくなるか。いや、引き返したらまた同じ橋を通ることになるから、それこそ渡船を使ってうまく切り抜けるしかないかもしれない。

渡り終えると因島だ。この島には、事前情報によれば「いんおこ」と呼ばれる料理が有名らしい。なんのことはない「因島のお好み焼き」なのだが、お昼どきに通ることになるから、ぜひお昼はお好み焼きにしようと考えていた。

ブルーラインに従って因島を反時計回りに回っていき、生口島に渡る生口橋を見送ってしまなみ海道から外れた。コンビニやガソリンスタンド、銀行にスーパ

▲向島の西側を走ると因島大橋が近づいてくる

▼因島土生町の路地裏を走る

ー、ドコモショップに百均、この島はそこそこ人口が多いように感じられる。

## 自転車神社と「いんおこ」

スギヤマさんが「自転車神社があります！」と教えてくれた。標識に従い左に曲がり、因島土生《はぶ》町の細道を楽しむことしばらくで因島大山神社に辿り着いた。ここが「自転車神社」なのだそうだ。

自転車を降り、ヘルメットを脱いでお参りし、旅の安全を祈る。本殿前にバイクラックがある斬新な作りで、自転車お守りなども売っていた。どうやら、しまなみ海道を旅する自転車乗りなら、必ず立ち寄らなければいけないスポットのようだ。

鉄道の駅があってもおかしくないほどの規模の町を走っていくと、土生港から今治への航路もあるようだ。まだ全体を見ていないけれど、この島はしまなみ海道のなかでも重要な位置を占めていそうだ。

因島総合病院という大きな病院の前を通る。看板には「日立造船健康保険組合」とも書いてある。おお、そういうことか。さてはこの島は造船所の島なのだな。大きく感じた町の規模も、合点がいくというものだ。

そのまま南に進んでいくと右手にはなにか工場のようなものが増え始め、短い坂を上ってトンネルを抜けると景色は一変した。たしかに造船所だ。道路右側にはコンクリの塀が巡らされていて手前は見えないが、頭上には大きなクレーンが林立している。5万分の1地形図を確認すると、日立造船所と書いてある。へぇ、こんなところに目指すお好み焼き屋があるのか。3分ほどで、「たばこ」の看板が目に入った。ここが「大出たばこ店」という名のお好み焼き屋だ。13時30分着。

ここは14時まででお昼の営業が終わると「いんのしまグルメマップ」に書いてあったので、まずはノレンをくぐって確認する。「大丈夫ですよ～！」と明るいおかみさんの声が響いてきた。よかった。お店の脇に自転車を止め、ヘルメットとグローブを脱いでお店に入った。

メニューはシンプルだ。お好み焼きにうどんorそば、と書いてある。トッピングもいろいろあるのだが、豚肉、玉子、それにイカ天も最初から入っているそうだから、基本のやつでいいかな。いんおこはうどんが主流だと聞きながらもまだうどんかそばかで迷っていた

▲因島大山神社は短い坂道を上ったところにある

▼因島は造船所が多い。この景色を過ぎるとまもなく大出たばこ店だ

ら「ハーフ&ハーフにしよか?」と言ってくれたので、ふたりともそれをお願いする。ひと玉７３０円だ。

　作り始めるのを見て、そのボリュームにびっくり。小山のように載せられたキャベツに驚いていると、「今日はもうキャベツをひと箱、８玉刻んだよ」と笑っている。まだお昼なのに。機械ではなく手切りにこだわっているから腱鞘炎気味だというおかみさん、さらにこれから来るという電話がかかってきて、もう大忙しだ。

　２枚のヘラでダイナミックにひっくり返し、ボリューミーなお好み焼きが運ばれてきた。美味しい! なんとかいうソースを使っているらしいという、うろ覚えの知識で尋ねると、「業務用で、スーパーとかでは売ってないのよ」とのこと。まあ、この味はソースだけじゃないから再現は難しい。また食べに来るのも少し遠いけど、大きなお好み焼きをあっさり完食した。

「昔はたばこ屋さんだったんですよね」と店名の由来を尋ねると、今もたばこを売っているんだと笑いながら小さな売り場を目で示してくれた。売れ筋と思われる８銘柄ほどが、冷たい飲み物を入れた冷蔵庫の上に置いてある。「これだけ並べていて、あとは近くの人が１カートンで買ってくれる」とおかみさんは話してくれた。

　大出たばこ店を出てすぐ、ほんの１分ほどで弓削《ゆげ》島へ渡るフェリー乗り場だ。小さな待合室がひとつ。クルマが１台、フェリーを待っていて、運転手はハンドルの上に足を投げ出して目を閉じていた。

　時刻表によれば船は30分に１便で、次は15時ちょうどだ。造船所を横目にのんびりと次の船を待つ。地図上で１kmないくらいの距離だから、すぐそこに対岸の上弓削港が見えていて、船がやってきた。

　こちら側、因島の家老渡《かろうど》港を出た船はどうやら向こう側の上弓削港に着くとすぐ折り返してきて、こちらで少し余裕を持って停まるタイムスケジュールのようだ。しまなみ海道の渡し船ではなるべくピッタリの小銭を用意するようにと聞いていたので、自転車２台と大人ふたりで３６０円を握りしめて乗り込んだ。

　ぶっきらぼうな感じの集金のお兄さんは、小さなバインダーに挟んだ紙を僕に手渡しながら「これ書けば自転車はタダだから」と言った。えっ、と思いながら言われた通りに「かみじまサイクルフリー券」というのに住所と名前を書く。どうやら、上島《かみじま》町の各渡船で

▲因島家老渡港から弓削島の上弓削港に向かう家老渡フェリー

▼大出たばこ店のおかみさんのみごとなヘラさばき

自転車のぶんだけ無料にしてくれるサービスをやっているらしい。80円だけどなんだか得した気分で自転車を脇のほうへと立てかけた。

フェリーはクルマ2台とスクーター1台、それに僕ら自転車2台を載せて出港した。7分ほどの道のりなのだけれど、やはり船旅は独特の風情があって好きだ。そして、しまなみ海道を少しアレンジして旅するルートは何通りも考えられるから、これはこれでなかなか美味しいサイクリングだ。海の上で僕らは広島県から愛媛県に入った。ここからはゆめしま海道だ。

## ゆめしま海道の島々

上弓削港に着き、走り始めてすぐに気づいたことがある。静かなのだ。人家はあるが表を歩く人はあまりいない。そしてしまなみ海道から外れて、島には橋が架かっていない（本州とは橋で繋がっていない）からか、クルマが非常に少ない。口に出して「静かだね」と言いたくなるほど、静謐《せいひつ》な島だ。

道ばたにいた猫に気づいてブレーキをかけた。ちょっと牛のような白黒模様の猫はスギヤマさんによってすぐさま「うしまる」の愛称が与えられた。僕らはあまり逃げないうしまるに話しかけ、写真を撮って遊んだ。

うしまるがいたところはどうやら高齢者の施設のようだった。大きな窓越しに面会に来た女性が、なかにいる車椅子の男性に話しかけている。「なかよくしてもらったのにね。覚えてないかね。もうわからないかね」。コロナのせいでなかに入れないのだろう、窓越しに話し続ける女性は、古い友人に会いに来たのだろうか。父を亡くしたばかりの僕はちょっと切なくなってしまった。「また来るからね」。

僕らの宿はこの弓削島から橋をひとつ渡った隣の島、佐島にある。佐島はとても小さくてほぼ食堂の類いがなく、宿も古民家を使ったゲストハウスなので、晩ご飯にちょっと困った。予約の際に宿の人とも相談した結果、晩ご飯は弓削島まで走ってきて食べることにしてあった。

そこで僕に必要なのは晩酌用のビールだ。弓削島のAコープで缶ビール6本を買って、それを運ぶためだけにつけてきたのがサドルバッグサポーターだ。折りたたんできたクーラーバッグに首尾よくサッポロ黒ラ

素晴らしいコンディションを保っている佐島の古民家ゲストハウス「汐見の家」

ベルを6缶収め、輪行袋の中締めベルトを2本取り出してサドルバッグサポーターにくくりつけた。これでよし。宿まで運んで冷蔵庫に入れてもらう、完璧な作戦である。

弓削大橋を渡って佐島へ。目指す古民家ゲストハウス「汐見《しおみ》の家」は佐島のメイン集落のなかにあるようだが、ここまで狭い範囲になると5万分の1地形図の縮尺では読み取ることができない。小さい島なのでなんとかなるだろうと思って走り込むと、要所に小さく上品な案内板があって、最後はクルマが入れない細い路地に導かれ、無事に宿に着くことができた。

宿では若い女性がコタツに入って僕らを待っていた。名前はトミタさん。この宿のスタッフさんだ。挨拶をすませ、自転車の置き場を尋ねる。「土間はいかがですか？」。2台の自転車は玄関を入ったところの土間に入れてもらえた。願ってもいない光景に僕らは喜んだ。こんな待遇、どこを探してもなかなかない。

この家はもともとオーナーさんの祖父の実家で、空き家になって久しく、処分しようと考えていたところを再生に切り替え、ゲストハウスとして開業したものだそうだ。たたずまいは限りなく昔のまま、ただしトイレやキッチン、シャワーなどはきちんとした設備に整えてある。

「おばあちゃんの家みたい」。スギヤマさんの言葉を待つまでもなく、僕も畳にゴロンと横になりたくなる、思っていた通りのたたずまいに感動してしまう。

楽しみにしていた五右衛門風呂は、なんと「煙のことで近隣から苦情があり、お休み中」とのこと。蛇口があるのでもしやと思い「お湯が出るんですか?」と聞くと、五右衛門風呂にお湯を張って入浴することは可能だとおっしゃるではないか! 五右衛門風呂の正しい使いかたではないものの、お許しをいただけたのでお言葉に甘え、喜んで入らせてもらうことにした。

トミタさんのお子さん、10歳のお嬢さんと9歳のお兄ちゃんが来た。たわいもない話をしながら時を過ごす。「東京では広い道路の横に住むと排気ガスが臭くて窓なんか開けられない」と教えたら目を丸くしていた。

コバヤシさんというヘルパーさんが帰ってきた。彼女は2週間ほど滞在して宿泊客の面倒を見てくれているそうだ。コバヤシさんとトミタさんに、バイオトイレやキッチンの使いかたなどを細かく聞きつつ、近所の猫の情報も仕入れる。

予約のときのメールに「野良猫が遊びに来ることがあります。猫アレルギーのかたはご注意ください!」と書いてあったのだが、それは事実だった。隣の家を覗き込むと4匹の猫がじっとこちらを見ていた。

予約メールのやりとりをした管理人のクドウさんが1匹の猫を従えて帰ってきた。このトラ猫の名前は「マエダ」だとトミタさんのお兄ちゃんが教えてくれた。

日が暮れてきた。弓削島にあるお寿司屋さんまで2、3㎞のサイクリング。ライトを点けてちょっと行ってきます。明日は雨の予報だけど、それが気にならないくらいに充実した一日だった。

## サイクリストの聖地

雨の音で目が覚めた。昨日買っておいたパンと、持参してきたドリップコーヒーで朝食をすませる。バッグの中身の防水を確認し、レインウエアをしっかり着込む。コバヤシさんとトミタさんに見送られて、汐見の家をあとにした。またきっと来るからね。

生名橋を渡って生名島へと下っていく

佐島から生名《いきな》橋を渡って生名島に入り、そのまま走り抜けて今年できたばかりの岩城《いわき》橋を渡り、岩城島へ。このあたりは僕が持っていった平成18年修正の5万分の1地形図「土生」には載っていないが、それを承知で来ているので問題はない。

最新のロードマップのコピーのほうが情報は新しいのだが、地形図を見て計画して、折りたたんだり、広げたりしながらサイクリングを続けていくリズムが好きなのだ。5万分の1は2㎝で1㎞、その縮尺が僕の走りかたにマッチしている。20㎝くらい走って交差点などで一時停止したときに地図を折り直す。そんな手間が楽しい。

雨だからつい淡々とペダルを漕いでしまい、岩城島も素通りしそうだ。県道を北上し、長江港を過ぎてしばらく行くと、道はなんだか造船所の構内道路みたいになって、「本当にこれでいいの?」と地図を見てしまう。でも道はこれ一本しかない。目指す小漕《おこぎ》港はすぐそこのはずだ。大きな船のすぐ横を通る。カッコいいのでカメラからレインカバーを外し、シャッターを切った。

この岩城島の小漕港から生口島の洲江《すのえ》港に渡る船に

乗れば静かだったゆめしま海道は終わり、しまなみ海道に復帰する。ここの船はおよそ20分ごとに出ていて、僕らは11時10分発に乗ることになった。かみじまサイクルフリー券はここでも有効で、大人料金の150円だけで生口島へと渡ることができた。上島町観光戦略課さん、ありがとう。

生口島、また愛媛県から広島県に戻った。生口島に渡っても雨はやんでいなかった。当たり前だ。雨は今日一日、降り続く予報なのだ。にわかに交通量が多くなったように感じる国道317号線を西へ向かう。次の橋は多々羅大橋で、それを渡ると「サイクリストの聖地」の石碑があるはずだ。

この多々羅大橋は国内最長の斜張橋だそうで、その主塔部直下を通るところに「多々羅鳴き龍」の看板がある。曰く、「ここで手をたたいてみてください。ふしぎなことが起こります」。雨でテンション低めな僕らだが、せっかくなのでクルマがいなくなるタイミングを待って手を叩いた。最初はちょっとわかりにくかったが、共鳴というか、重なったエコーのようなものが聞こえる。多重反響というそうだ。横には拍子木のようなものが置いてあって、それを叩いても同じことが起きる。

それなら、とスギヤマさんは発声してみた。声優志望で専門学校に通っている彼女は発声練習ならお手のものだ。「は、は、は、は、は!」。

動画を撮ってインスタグラムに上げたり、しばらく遊んでから橋をあとにした。

橋を下りるとそこは大三島、道の駅「多々羅しまなみ公園」だ。なかなか大規模にレストランなどが並んでいるのでお昼ご飯を食べることにする。平日で雨だけど店内はそれなりに混んでいて、団体の利用もあるようだ。

## 列車に間にあうか⁉

ザンギ定食を食べて外に出てみても雨はやんでいない。まだ午後1時過ぎなのに外は少し薄暗く感じるほどで、「サイクリストの聖地」記念碑の背景にあるはずの多々羅大橋は全景が見えていない。これまで雑誌やフェイスブック、ツイッター、インスタなどでここに立ち寄るサイクリストの写真をいろいろ見てきたが、これほど悪天候のなかでのものを見た記憶がない。も

道の駅多々羅しまなみ公園にある「サイクリストの聖地」の碑

う笑っちゃうくらいなのだが、せっかくなので写真を撮って、いざ今治へ。

僕らは今治駅発16時6分の特急の切符を持っていて、それに接続する新幹線も予約してあった。自転車をバラす時間を考えると15時半には駅に着いていたいんだけれど、そこまでまだ30㎞ちょっとある。残りあと2時間、ちょっと寄り道するととたんに危険な感じなので、とにかくさっさと走ることにした。

大三島をそそくさと走りきって大三島橋を渡り、伯方島へ。そしてこちらも最短のブルーラインをぴゅーっと走って伯方・大島大橋を渡り、大島へ。残るは来島海峡第一、第二、第三大橋の3つの連続する橋、全長4㎞を渡りきれば今治市だ。いや、正確には大三島から今治市なのだが、もともとあのあたりは越智《おち》郡大三島町などであったはずで、気分的には四国本島に乗って初めて今治市な感じがする。

この大島もテキパキと、と思ったところでスギヤマさんがこう言った。「村上海賊ミュージアムに行きたいです！」。

村上海賊の名前は僕も少しだけ知っていた。この瀬戸内海に橋が架かるずっと前に活躍した海賊で、このしまなみ海道の途中に何ヶ所も「村上水軍」などの名前を冠した施設や道路などがあるし、『村上海賊の娘（和田竜、新潮社）』というベストセラーが書かれたことも記憶に新しい。

かくして僕らはミュージアムに立ち寄ることになった。「ダッシュで、20分だけ」。時間がないから、走るコース上から外れていたら諦めよう。

そう言いつつ、ブルーラインが右折する交差点で村上海賊ミュージアムの道標を見ると、僕らはそちらへハンドルを向けた。見たいものは見たいのだ。あとはなんとかなるはず！

ミュージアムはたしかにおもしろかった。駆け足で見るのはもったいなかったが、こればかりはしょうがない。レインウエアも脱がずに2階、3階と快速で見学し、お土産屋さんをチラ見して、すぐ自転車に戻ってきた。あと20㎞。残された時間は1時間！

普通に考えると間にあいそうに思えたが、市街地に入ると信号があるし、レインウエアを脱ぐ時間だってほしい。ありがたいことにしまなみ海道には距離などを記した道標が頻繁にあって、目標がつかみやすかった。腕時計と道標を交互に見ながら、一定のペースを保って走っていった。

このタイミングで現れたのがしまなみ海道たぶん唯一の峠、宮窪《みやくぼ》峠だ。50ｍくらいしか上らないのだけれど、先を急ぐこのタイミングでの峠は辛い。この上りと、あとはきっと来島海峡第一大橋への上りが最後だろう。どうか間にあいますように。祈るような気持ちでペダルを踏む。

残りの距離が縮まるとともに、残りの時間も減っていく。正確に、僕らは時速20㎞プラスアルファくらいで走っていて、時計は残酷に時を刻んでいる。ようやく雨がやんできたが、もうカメラを構える余裕はなかった。

今治駅着、列車まであと16分。もしやと思ってまずなかを見に行くが、遅延している気配はない。よし、やろう！　僕らは猛然とランドナーの輪行に取りかかった。

路面に描かれたナショナルサイクルルートの印

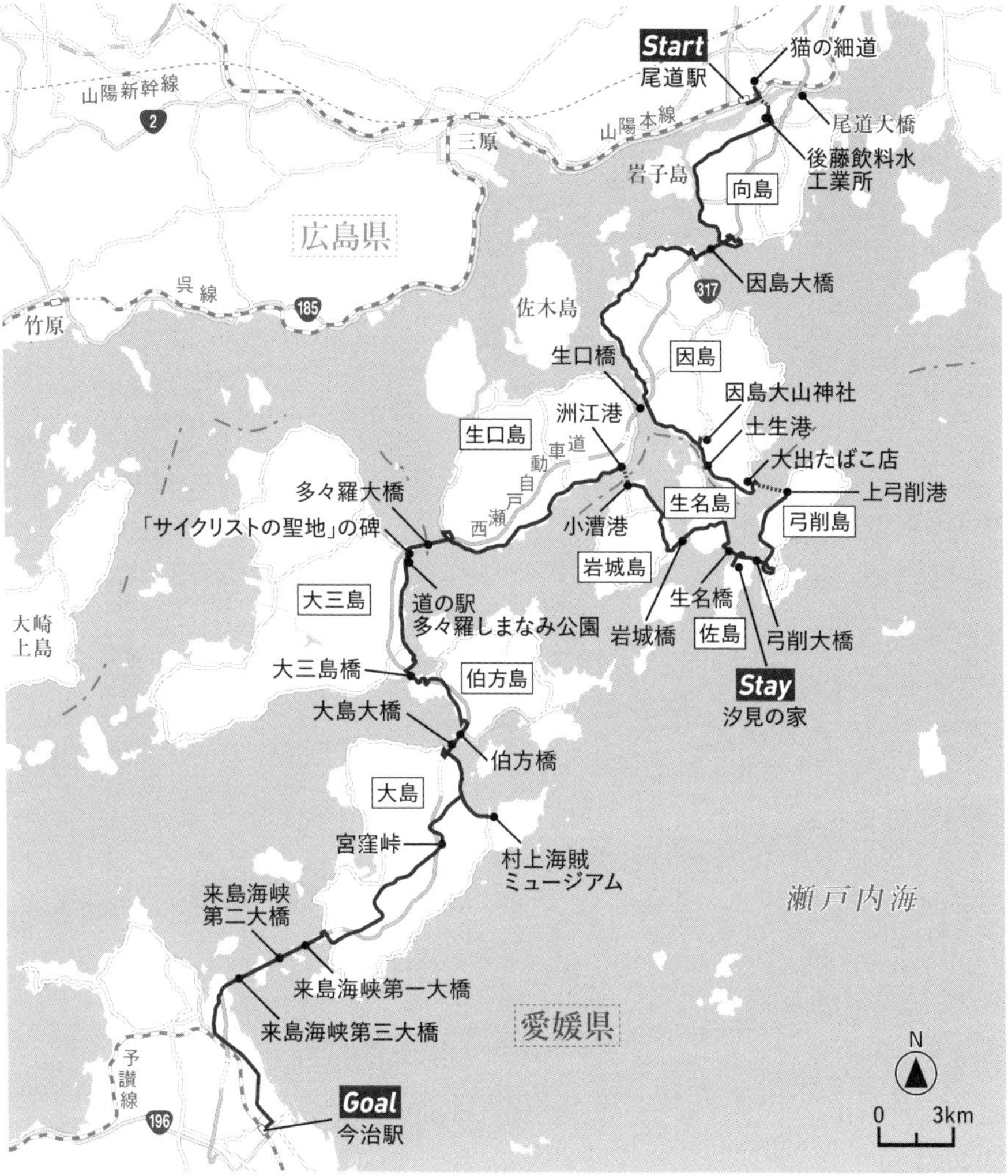


【行程】JR山陽本線尾道駅－向島－因島－弓削島－佐島－生名島－岩城島－生口島－大三島－伯方島－大島－JR予讃線今治駅

【走行距離】93km

【アクセス】往路は東京から岡山まで「サンライズ出雲」で約9時間。新幹線なら約3時間だ。岡山から尾道までは山陽本線で約1時間20分。復路は今治から予讃線。特急「しおかぜ」なら岡山まで約2時間。これを普通列車で乗り継ぐと倍の時間がかかる。岡山から新幹線で東京までは約3時間。

【利用地形図】国土地理院発行5万分の1地形図「尾道」「土生」「今治東部」「今治西部」

【アドバイス】しまなみ海道とゆめしま海道はさまざまなコースバリエーションが楽しめる。しまなみ海道内でもブルーラインを外れて宿泊地を求めたり、渡船で島に渡るといった楽しみもある。

輪行サイクリングの知識と基礎 ④

# 東京起点の鉄道利用ケーススタディ

本書では輪行でのサイクリングを扱っている。自転車を漕いで移動するという行為の本質に変わりはないが、その往復に使う輪行の部分には少しノウハウが必要だ。純粋な鉄道旅とも異なる自転車ならではの鉄道利用法について、いくつかの例をもとに掘り下げてみたい。

なお、ここでは東京周辺以外の読者には恐縮だが、執筆時の時刻表に基づいて東京起点の輪行サイクリングのプランを考えている。ノウハウというよりは工夫のしかたとして読んでほしい。そしてお住まいの各地からの状況に照らし合わせ、時刻表を楽しみつつ、サイクリングのプランを作ってほしい。

## 早い時刻の列車で出発

列車に輪行袋を持ち込むという点では、なるべく早めに出発し、混雑を避けるのが基本中の基本だ。ただやみくもに始発に乗っても、その後の乗り継ぎで後発の列車に追いつかれたり、乗り換えの回数が増えたりもするので、時刻表をにらんでのプランニングが必須といえる。

ここではまず東京在住を念頭に置き、平日にJR各線の下り列車で各方面に出かける例を挙げてみよう。

**■中央本線の場合**

中央本線の茅野は八ヶ岳の西側にあり、国道299号線がまっすぐ麦草峠に導いてくれる。ビーナスラインにも近く、南へ向かえば南アルプスの西側を走る秋葉街道が待っている。もちろん、諏訪湖も近い。この茅野という起点への輪行をシミュレーションしてみよう。現行ダイヤでは、最も早い時刻はこうだ。「新宿5時16分発－高尾6時10分着／15分発－茅野8時48分着」。

## 東京起点の鉄道利用ケーススタディ

新宿発のこの列車は東京始発なので、たとえば上野からも神田乗り換えで間にあうことができる。池袋からも品川からも間にあう。逆にいえばそれより遠方からはいささか厳しいなか、大宮のような便利な地に住む人なら間にあう。

高尾で乗り換える中央本線は松本行きなので、このプランは茅野の先、松本まで同じイメージで考えることができる。松本着は9時35分。日帰りサイクリングを十分に楽しめる時刻だ。

この高尾発松本行きを逃すと、次は「八王子6時35分発－松本10時17分着」までロングディスタンスを走ってくれる普通列車はない。なるべくならこれに乗りたいが、始発列車の関係で間にあわない場合は、この松本10時17分着（茅野9時24分着）を利用するプランがいい。

仲間と行く場合は、最も不自由な場所に住んでいる人に合わせるのが望ましい。そして裏技としては、始発で間にあう駅まで「走る」という手がある。

こうしてみると、中央本線や東北本線、常磐線などは、始発に近くて長距離を走ってくれる（＝輪行袋を担いでの乗り換えの労がない）列車に乗りたい。

### ■東海道本線、高崎線、東北本線、常磐線の場合

中央本線以外の関東のJR各線も、例を挙げておこう。いずれも乗車券のみで乗ることのできる普通列車に絞っている。

**◎東海道本線**

「東京5時20分発－沼津7時26分着」「東京5時40分発－沼津8時4分着」というのがあり、これに乗れればかなり遠方まで乗り換えなしで出かけることができる。「東京6時5分発－熱海7時59分着」も悪くない。

このあと、高崎線から東海道本線へとつながる、いわゆる上野東京ラインに「籠原5時6分発－小田原7時49分着」や「宇都宮4時37分発－熱海8時19分着」と4時間近い普通列車もあったりして、沿線住民にはかなり楽しいダイヤだ。

**◎高崎線**

高崎線は上野方面から北行きはことごとく高崎止まりなので、それより北（あるいは東西）へ向かうには乗り換えるしかない。ただし「小田原4時30分発－高崎7時49分着」または「熱海4時35分発－高崎8時15分着」という長距離普通列車があるので、沿線住民はプランの一助としたいところだ。

**◎東北本線**

「上野5時10分発－宇都宮6時

53分着／57分発－黒磯7時49分着」。

東北本線は上野始発がことごとく宇都宮止まりで、その先に行くには乗り換えることになる。この、朝7時前後という時刻は大都市宇都宮では通学の時間帯になり、平日は混むかも。もう少しあとの時間帯には、「小田原5時21分発－宇都宮8時20分着」という快速「ラビット」や、「熱海5時18分発－宇都宮8時58分着」という長距離普通列車があり、上野より東海道本線側の住民には便利だが、混雑具合は不明である。

◎**常磐線**

「上野5時11分発－勝田7時6分着」がよい感じで、これより遠方まで乗り換えなしの列車はない。たとえば浪江までなら「上野5時11分発－勝田7時6分着／46分発－いわき9時12分着／22分発－浪江10時24分着」といった具合になる。

少し（始発からは）遅い列車になるが「品川6時35分発－勝田8時51分着」というのがあり、品川～上野間の住民にはよさそうだが、通勤・通学に引っかかりそうな気もする。

## ■房総半島の場合

房総半島の特徴は内房線、つまり房総半島の西側（東京湾側）を南下する列車と、東側（太平洋側）を南下する外房線とがつながっている点だ。いずれに乗っても最遠方の館山や安房鴨川まではそれなりに時間がかかるが、早い時刻の列車で、まだ眠いうちに長距離を移動して走り出す、あるいは午前中多めに走って回転寿司に舌鼓を打ち、早々と輪行して帰ってくるといった楽しみかたが可能だ。

◎**内房線**

「東京5時21分発－木更津6時40分着／47分発－（館山8時着）－安房鴨川8時48分着」あるいは「久里浜5時23分発－君津8時24分着／37分発－上総湊8時58分着／9時発－（館山9時35分着）－安房鴨川10時22分着」という列車がある。

ただしこの列車には千葉～君津間でもう1本並走する列車があり、千葉までに座れているかどうかで乗り換えたほうが楽な場合がある。こんなケースは紙の時刻表でチェックするに限る。

◎**外房線**

「千葉6時29分発－上総一ノ宮7時19分着／22分発－安房鴨川8時26分着」または「千葉7時10分発－上総一ノ宮7時59分着／8時3分発－安房鴨川9時16分着」。

こうして見ると、外房にあた

る安房鴨川まで行くには外房線、と決めつけず、内房線回りのほうが便利なこともある。外房線は東京方面からいったん千葉まで来て乗り換える必要があるが、内房線なら問題なく安房鴨川まで来ることができる。ただし、内房線回りで外房まで来ると、距離があるぶん、時間はかかる。

　これらの列車は執筆時点のダイヤなので、変更があることは承知していただきたい。ただし、時刻表があればこういったイメージで列車を調べ、サイクリングを計画できる。時刻表を広げて、さらに地図を広げてプランを膨らませてほしい。

## 遅い列車で出かける

ゆっくり起きた休日、晴れていたら出かけたくなるのは自然の摂理だ。早起きしようとして寝坊することだってあるはず。そんなときも、近場のサイクリングロードだけではなく、ちょっと輪行して気分転換というのが楽しい。ラッシュアワーを過ぎた列車に乗り込み、近場だけどあまり行くことのないエリアを走ってみたい。

**■三浦半島の場合**

　久里浜まで行くJR横須賀線は、多くの列車が総武線からの直通運転となっていて、千葉県方面ののんびりやさんに大変便利だ。「千葉10時26分発－（東京11時8分発）－久里浜12時35分着」というのがある。

　久里浜からは、東京湾フェリーが房総半島の金谷へと40分で連れていってくれる。時間的に長距離サイクリングにはならないが、久里浜で組み立ててフェリーに乗り、JR内房線で帰ってくれば、短時間で充実した旅を楽しむことができるだろう。

　浦賀へ向かう京急本線なら、浦賀水道にお昼には着ける。12時からでも三浦半島ならぐるっと回れるのだ。しかも、京急の快特と特急には特急料金がない！　乗車券のみで乗ることができる。「品川11時発－堀ノ内11時52分着／54分発－浦賀12時着」といったところか。

　逗子・葉山へ向かう京急逗子線は金沢文庫で乗り換えになるが、ゆっくり出発してもお昼には海を見ることができるし、鎌倉もすぐ近い。「品川11時発－金沢文庫11時37分着／40分発－逗子・葉山11時51分着」はどうだろう。

　JR横須賀線を使えば、逗子にも行くことができる。京急のほうが料金的にはお得だが、総武線からの直通を利用できる点で千葉県方面からはＪＲが楽だ。「君津9時52分発－（千葉10時40分発）－逗子12時29分着」などがある。

三浦半島の最南端の駅、三崎口まで続く京急久里浜線を時刻表で調べると、快特か特急に乗らないと三崎口には辿りつけない。しかしここまで輪行してしまえば、三崎のマグロはすぐだ。「泉岳寺10時37分発－（品川10時40分発）－三崎口11時53分着」。

**■房総半島の場合**

房総半島でも都心から近いエリアなら、寝坊してからも辿り着ける（平日ダイヤ）。「逗子9時55分発－（東京10時54分発）－五井12時1分着／28分発－上総中野13時53分着」。

プラスもう1回の乗り換えをいとわなければ少し後ろの列車でも到着時刻は一緒だ。ネットで検索すると「逗子10時11分発－（東京11時15分発）－千葉11時55分着／12時1分発－五井12時18分着／28分発－上総中野13時53分着」がヒットする。

ＪＲ時刻表では五井からの小湊鐵道は平日ダイヤしか掲載がないが、スマホアプリのデジタルＪＲ時刻表Ｌｉｔｅで土休日ダイヤを調べるとこれがある。「久里浜9時29分発－（東京10時54分発）－五井12時1分着／28分発－養老渓谷13時40分着」。

以上は内房線から小湊鐵道に乗り継ぐ例だが、「東京10時3分発－上総一ノ宮11時30分着／41分発－大原11時57分着／13時1分発－上総中野13時55分着（平日ダイヤ）」もある。

ただしこの平日ダイヤは、大原からのいすみ鉄道において土休日ダイヤで一変する。「東京9時2分発－上総一ノ宮10時29分着／32分発－大原10時49分着／11時47分発－上総中野12時43分着（土休日ダイヤ）」。

外房線からいすみ鉄道に乗り継ぐのは遠回りになり、東京～上総中野間で見れば純粋に不利だ。ゆっくり出発するプランでは、大原から上総中野手前までの区間をツーリングの起点にする場合のみ、外房線回りがよい。

それぞれの路線の終点、上総中野への時刻を見てみたが、小湊鐵道、いすみ鉄道いずれも途中のどの駅も味わいがあり、そこから興味深いコース取りが可能だ。日の短い季節なら14時過ぎて走り始めるのはとてもオススメできないが、春、夏なら1、2時間だけでも見知らぬ景色のなかを走るのはいいものだ。

巨大な古峯神社の一の鳥居をくぐる

輪行サイクリングの旅

4

# 古峯神社から足尾銅山

旧友とともに目指すはいにしえの神社と峠道。
締めくくりは田中正造で知られる足尾銅山、
そして輪行でわたらせ渓谷鐵道へ

〈行程〉

東武日光線新鹿沼駅－古峯神社－古峰ヶ原峠－深山巴の宿－都沢林道－足尾銅山観光－わたらせ渓谷鐵道通洞駅

〈走行距離〉

43km

夏は尾瀬の山小屋、冬はスキー場で働くナガタ君と走るには、彼が山から下りて里にいる11月か12月の、短いチャンスをものにするしかない。今年は新型コロナウイルスの影響か、山小屋は秋が終わっても食材が尽きるまで営業を続けたらしい。ナガタ君は11月上旬になってようやく山から里へ戻ってきた。

彼が山小屋にいるうちからメールを使って打ち合わせができたので、僕らは11月半ばのツーリングプランを決めることができた。僕が浅草に住んでおり、彼の実家は東武伊勢崎線沿線の埼玉県春日部《かすかべ》市あたりなので、その延長線上がまず候補に挙がる。「輪行だと帰りの電車内でビールが飲めますね。温泉もあるとよいですが、コースはどのあたりがよいでしょうか？」「個人的には東武線、野岩《やがん》鉄道、わたらせ渓谷鐵道利用が便利でよさそうです」なんて簡単な打ち合わせで、東武日光線の新鹿沼《しんかぬま》駅から古峰《こぶ》ヶ原峠を越えてわたらせ渓谷鐵道の水沼駅で温泉フィニッシュという、それほどキツくないプランができあがった。でもナガタ君はそこに都沢《みやこざわ》林道という短いダートを入れてきた。さすがは歳をくっても山岳サイクリストである。

ナガタ君とはそこそこ長いつきあいになる。大学を出たあたりで僕の所属する山岳サイクリング研究会に入ってきた彼は自動車会社に就職し、実直に20数年勤務したのちに定年まで10年ほどを残して早期退職。山小屋とスキー場で働くシーズン以外はクルマに自転車を積んで旅に明け暮れるという、なんともうらやましい暮らしを続けているのだ。

## ヒルクライムの聖地

浅草から特急「リバティきぬ」１０５号に乗って新鹿沼駅に向かう。便利になったもので、東武鉄道の特急はスマホでネット予約をすませるとその画面を見せるだけで列車に乗ることができる。もちろん座席指定も可能なので、自転車という荷物の置き場が気になる僕らとしては、願ったりかなったりの路線なのだ。

予約画面で座席指定するときには、定石通り車両の進行方向一番後ろの席を予約して、その背中側に輪行袋を置きたい。だが、特急車両などでは各車両の乗降口が前後どちらか一方にしかない場合があって、先日乗った小田急線のロマンスカーのようにうっかりすると自分の座席が乗降口から最も遠方になってしまうか

新鹿沼駅で輪行してきた自転車を組み立てる

もしれない。輪行袋を持って車内を歩くのは楽ではないので、慎重派の人は予約前に当該車両のシートマップなどを調べて、快適な輪行袋の置き場所を確保するほうがより賢い。

新鹿沼駅に着くと、ナガタ君の自転車はもうほとんど組み立て終わるところだった。今日の彼の愛車はキャノンデールの古いツーリングモデルで、７００Ｃホイールを履いている。タイヤは28Ｃだろうか、彼のことだから、そのくらいの太さでもちょっとした砂利道は走ってしまうだろう。僕も６５０×35Ａホイールのランドナーで来たので、タイヤの太さは大差ない。

9時半、駅前を左に進んで信号のある交差点に出るともうそこが古峰ヶ原街道で、コンビニに立ち寄ってお昼ご飯を買っておく。

実は今日のコースは、昼食を確保するのがなかなか難しい。古峰ヶ原峠の上り口、古峯《ふるみね》神社周辺には食堂があるが、そこでお昼を食べて午後になってしまうと、先が長い。峠を越えた向こう側、わたらせ渓谷鐵道沿いの国道１２２号線まで行けばコンビニくらいはあるだろうが、そこまでにお昼ははるかに過ぎてしまい、腹減りモードで走る時間が長いと予想された。

何年か前にすぐ隣の粕尾峠《かすお》を越えたときがまさにそのパターンで、腹減りまくりで足尾駅まで下って輪行し、水沼駅の食堂で食べ物にありついたのは午後3時という有様だった。今回も同じ轍《てつ》を踏むわけにはいかない。

上日向《かみひなた》の交差点を右折するところには古峯神社参道の大きな石柱が建っていて、ここから神社までは一本道だ。大芦川《おおあし》に沿って進み、新鹿沼駅から古峯神社までが26㎞ほど、標高差は550mくらいだから、緩い上り坂がずっと続くイメージだ。

尾瀬の山小屋で健康的な暮らしをしていたナガタ君はのっけからいいペースで走っていて、後ろ姿をカメラに収める余裕すらなく、あっという間にはるか彼方だ。信号がないから追いつくということもない。天気はいいし、少し紅葉も残っているのだが、被写体はどこかに行ってしまった。アイツ、ハヤスギル。

ナガタ君が待っていたのは古峯神社の一の鳥居の少し手前、大芦川を右岸に渡る橋があるところだった。「お待たせしました」とひと息入れようとしたタイミングで、路傍の小さな商店からオヤジさんが出てきた。自転車に好感を持っているらしいオヤジさんで、欄干に腰かけて話してくれる。「クルマはブーブーうるさいけれど、自転車は静かだ。先日も5、600人が走るイベントがあったけど、歓迎だね」と心優しい。クルマを運転していても「地元だからな、カーブでは自転車を抜かないよ」と自転車乗りのことを気にかけてくれている。世のなかにはそんな人ばかりではないので、若干ホロリとする。

さらにオヤジさんの口から出てきたのは、地元宇都宮の自転車チーム、宇都宮ブリッツェンの噂話だった。僕らが古峯神社から古峰ヶ原峠を目指すのを知って、「ヤツらはあそこをすごいスピードで2周するんだ」とか、「マネージャーからはすごいゲキが飛んでる」とか、「ときどきウチで休憩するんだ」とか。

よく知っているチームの話なので興味津々でしばらく立ち話。オヤジさんはもっと話をしたさそうだったが、10分ほどでお暇《いとま》することにした。すぐ先に古峯神社一の鳥居があった。高さ24・6m、わが国最大級の鋼製鳥居だと書いてある。でかい。

たしかに古峯神社までの道、あるいはその先の古峰ヶ原峠までは交通量少なめで自転車向きと言えそうだ。ネット上で「ヒルクライムの聖地」として有名

▲古峰ヶ原街道を走るナガタ君

▼大芦川沿い、小さな商店のオヤジさんと立ち話

（ちなみにこのキーワードでグーグル検索をかけると7万件がヒットする）なのもわからなくはない。沿道には「Furumine14.6km」と自転車のマークの入った看板が設置されていて、これはいったいどこまでの距離なのかと悩みながら走っていった。

古峯神社が近づくにつれて例の看板の数字はかなり減ってきた。神社から先、峠まではさらに5㎞くらい距離があるので、この数字は神社までの可能性が非常に高まってきた。

それに、古峯神社は「フルミネ」と読むが古峰ヶ原は「コブガハラ」なので、「Furumine」と書いてある以上は古峯神社までの距離だと読むのが妥当だ。

古峯神社に着いた。バイクラックもそこかしこにある。自転車をラックに引っかけ、ナガタ君と神社を見に行く。もう正午なので正直に言ってお腹は空いているのだが、ここで1時間食事を摂ってしまうと峠までの5㎞、標高差450mほどが苦しいに決まっているのでぐっと我慢する。

参道左手の巴屋で「天狗まんじゅう」を売っていた。よし、これを補給して峠まで頑張っちゃおう。1個110円の正札がついていたが、「2個下さい」と言ったら200円にしてくれた。ちょっとうれしい。

ヤマトタケルノミコトをお祀《まつ》りするこの神社は別名「天狗の杜」とも呼ばれ、この天狗が神の使いとして災難を取り除いてくれるそうだ。靴を脱いで境内を見せていただく。厄除け等の祈禱《きとう》を行うほかにも、年間さまざまな行事が行われている。さらに講中を受け入れ、宿泊施設も備えたこの神社はかなり大きい。そして郵便局までビルトインされていておもしろかった。

お守りを売っている（いや、お札を授与してくれる）ところに立ち寄って、なにを買おうか迷っていると携帯電話に吊すチャームが目に入った。

チャームと呼んでは台なしだ、厄除けのお守りにストラップがついているのだ。赤い顔の大天狗と緑の顔のカラス天狗のどちらにしようか少し迷ったあと、大天狗のほうを所望した。そういうわけで今、僕のスマホには鈴のついた古峯神社の大天狗がぶら下がっている。

## 待望の下りダート登場！

さて、県道草久足尾《くさぎゅうあしお》線と名づけられている古峰ヶ原

標高690 mにある古峯神社

大天狗の厄除け守りストラップ

古峯神社境内の巴屋で売られている天狗まんじゅう

街道をそのまま進み、古峰ヶ原峠への上りにかかろう。交通量はさらに減って貸し切り状態となった道路には、勾配12％などという暴力的な看板が現れ、さらにおサルさんが登場し始めた。

この日僕が使用した平成5年発行の5万分の1地形図には、2本線の車道が途切れて実線に変わり、峠に至る道が描かれていた。インターネット上の国土地理院による電子地図に描かれている道はちょっと異なっていて、新しい2本線の道が峠を越えるように掲載されているのだが、その新旧の境目あたり、標高900から950ｍ圏のヘアピンにサルが出現した。

サルは群れで動くと聞くからまだいるぞ、と言いながら上っていく。ガードレールをくぐって下に降りていく者、法面《のり》の上方へと逃げていく者。右手に見えていた小尾根が遠ざかっていくと、サルの気配もなくなって元の静かな道路になった。

古峰ヶ原峠、13時20分着。標高1144ｍのこの峠の名前は通称で地図には書かれていないが、現地にも「古峰原峠」の道標が建っていた。峠からは古峰ヶ原湿原、そして三枚石方面の緩やかな山並みを見渡すことができる。

ナガタ君の勧めに従って古峰ヶ原高原ヒュッテに向かう。立派なシングルトラックをものの1、2分で着くこのヒュッテは無人小屋で、なかはキレイだった。囲炉裏《いろり》を囲んで板の間があり、中2階があるので20人くらいは泊まれそうだ。

天気がいいのでヒュッテの外のテーブルでお昼を食べることにした。広々とした湿原の景色を見ながらの食事は、たとえコンビニのおにぎりだとしてもとても美味しく感じる。草紅葉の季節はさぞ素晴らしいことだろうが、ひとけのない静かな時期もまたよい。

県道を外れたままもう少し進むとこの先に深山巴の宿、というのがある。「ジンゼントモエノシュク」とは、初めての人には絶対に読めない。要はヤマトタケルノミコトと日光山を開山した勝道《しょうどう》上人が祀られ、日光修験の峰修行の拠点として重要な役割を果たした場所だとのこと。「明治初年に至るまで修験道が行われた」と書いてある。

付近には石像や石碑や祠《ほこら》、鳥居が多く残され、不思議な雰囲気が漂う場所だ。車道からわずかに歩くだけで見ることができるが、訪れる人が多いようには見えなかった。今も古峯神社の禊所《みそぎしょ》として使われているそ

古峰ヶ原峠への上り、11月半ばの紅葉

うだ。

すぐ先でシングルトラックは県道に合流した。自転車にまたがってすぐ、右に分かれるのが都沢林道だ。30㎞ほど走ってきて本日最初のダートなので、ナガタ君に「全部下りだよね？」と聞きつつワクワクして先頭で走り込む。

わたらせ渓谷鐵道沿いの国道１２２号線まで標高差５００ｍが全部ダートとは言わないが、せめて５㎞くらいは下りを楽しめると思っていた。ダダダダダッと下っていくと、期待より少々早めに舗装路が現れ、拍子抜けしてしまった。

県道鹿沼足尾線に出るまでの５㎞のうち、半ばまでくると道ばたに建物が現れ、この道がふだんから利用されていることがわかった。利用される道は整備もされるので、舗装が進んでいるのだ。

普通に暮らす人々にとって舗装道路は望ましいものなのだが、僕ら自転車ツーリング愛好者（の一部）にとっては、ほどよい砂利道はその日の行程上のスパイスになって楽しいのだ。そんなことを理解してもらおうとしても、なかなか難しいだろうな。

舗装路をバビューンと下りながら、残りの行程をナガタ君と相談した。もともとの案は国道１２２号線を水沼駅まで走り、駅に併設されている温泉に入ってメるというものだったが、ここにきてお互いに国道走行が少しかったるくなってきたのだ。

若いときはこんなことはなかった。水沼駅までの下り基調の26㎞なんか、１時間でとは言わないものの、１時間半あれば当然のように走った。交通量の多い国道を走るのはたしかにかったるい。しかもせっかく鉄道があるんだし……（笑）。

## 足尾銅山とわたらせ渓谷鐵道

というわけで僕らは楽なほうを選択し、それと引き替えに足尾銅山観光に立ち寄ることにした。足尾銅山観光着、14時50分。

足尾銅山といえば田中正造、とパッと出てくるくらいに小学校の国語の教科書の記憶が強い。しかしそれ以外のことをなにか知っているわけではなく、足尾を訪れるたびに自分の知識を補強したい思いがあった。

近年、秋田県鹿角市に友人ができ、彼の地を訪れるたびに何度か尾去沢《おさりざわ》銅山を見に行った。小学生のとき

▲古峰ヶ原高原ヒュッテ前でお昼ご飯

▼古峰ヶ原峠。地図には書かれていないが、道標はしっかりあった

の鉱毒の印象とは別に、大人になってからの銅山に対する思いはもっと多岐にわたり、興味は広がっている。先日などはつい『日本の鉱山を巡る（弦書房）』を上下巻揃えてしまったくらいに、僕は足尾銅山も気になっていた。そのタイミングがたぶん、今日だったのだ。

足尾銅山観光の入坑料はひとり830円だ。躊躇《ちゅうちょ》なく支払ってなかに入る。まずトロッコ列車で坑内に入っていくシステムだ。平日の午後だというのに僕らのほかにも見学しようという客がいて少し驚く。いや、驚いちゃ失礼か。

トロッコを降りて坑道内の展示を見て回る。400年近くにわたり江戸時代から昭和時代まで行われた採掘の手法はもちろん興味深いが、江戸時代にはここで寛永通宝が作られていたことも知った。

寛永通宝は日本各地で作られていたそうで、足尾で作られたそれは「足」の字が刻まれて「足字銭」と呼ばれたということさえ、僕は知らなかった。

明治時代、古河財閥の創業者古河市兵衛《ふるかわいちべえ》が足尾銅山を買収すると、銅の生産量は日本一となった。

1912（大正元）年、古河鉱業の小田川全之《おだがわまさゆき》がアメリカから採鉱や製錬技術とともに「セーフティーファースト」の理念を持ち帰り「安全専一」と訳した、そのホーロー板が展示されていた。これがのちに今の「安全第一」になったそうだ。

やや駆け足で、それでも1時間ほどかけて見学したのは、わたらせ渓谷鐵道の列車の時刻があったからだ。「おもしろかった」という感想でふたりは一致し、お土産物屋さんの鉱石や古銭や銅製品をささっと見て、通洞《つうどう》駅へと急いだ。

通洞駅発の上り列車は16時40分、これを逃すともう水沼駅で温泉に入る時間はなくなる。さすがにそれは避けなければならず、この1本前では足尾銅山に寄るのは不可能。ローカル列車を使って途中立ち寄りのプランを立てるときは、慎重にやらないとマズイ。

小一時間で水沼駅に着けばビールにありつけるだろうに、僕らは通洞駅でもう飲みたかった。しかし駅周辺をいくら探してもお店がない。1軒だけ開いていた商店はお酒を扱っていなかった。少しがっかりして自転車をバラし、わたらせ渓谷鐵道車中の人となった。

わたらせ渓谷鐵道に輪行袋を持ち込むには、手回り品切符が必要だ。消費税が上がるに従って世間一般の鉄道の手回り品切符も値上がりしたのだが、最近では

▲都沢林道の下り。ジャリはわずかで走りやすい

▼足尾銅山の坑内を見学する

ほとんどの鉄道会社で輪行袋の持ち込みはタダになったので、ここはレアケースだ。２９０円也。ワンマン運行なので下車時の支払いだが、車掌がいれば手回り品切符を含めて精算しておいたほうがスムーズだ。

　問題は僕らが水沼駅で途中下車して温泉に入る点だ。通洞駅から水沼駅までの運賃と手回り品切符代を支払い、また水沼駅から相老《あいおい》駅までの運賃と手回り品切符代を支払うのだろうか？　いかにも不合理に見えたのでナガタ君が交渉に臨んだが、当然のように手回り品切符代を2回ぶん、規定通り払うことになった。はい、そうですねもちろん。

　水沼駅で事件は起こった。水沼駅温泉センターは営業しているのだが、頼みの綱のお食事処がお休みだったのだ！　嗚呼、僕のビールが！　尋ねてみるとコロナ禍が明けかけての団体需要でお昼どきが忙しく、11月いっぱいは一般対応をお休みしているとのこと。

　サイクリングをしていてこれほどショックなこともなかなかないが、「国道を渡ったところに『はやぶさ食堂』というのがあります」とナガタ君。さすがだ。僕らはそそくさとお風呂に入り（ナガタ君はこの水沼温泉の友の会に入っておりふたりとも100円引きだった）、はやぶさ食堂へ駆け込んだ。

　唐揚げ、たこ焼き、餃子、生ビール。晩ご飯でなくおつまみのオンパレードにおかみさんは肉じゃがをサービスしてくれた。僕らは大満足して19時11分水沼駅発の列車に戻った。このまま相老で東武の特急「りょうもう」号に乗り換えて、のんびり浅草に戻る算段だ。

　水沼駅を出て次の本宿《もとじゅく》駅までの間にトンネルを通るが、そのなかで列車が急停車した。車内アナウンスはこうだ。「ただいま車両がクマと衝突したので停車しました」。おお。今日はいろいろあるなぁ。

　運転士は列車を降りて周辺を見に行った。そして車両をトンネルの出口まで動かしてみたが、なにも見当たらない。

　僕らは運転席の近くに座っていたので、運転士が無線で「たぶんぶつけちゃったと思うんですけど」と連絡しているのが聞こえた。でも肝心のクマが見当たらないのだ。

　結局、列車は嫌疑不十分で出発した。僕らは相老で乗り継ぐはずの特急には間にあわなくなり、桐生《きりゅう》に出てJR両毛線に乗り換え小山に出て、最後は東北本線で上野へと帰った。長い一日だった。

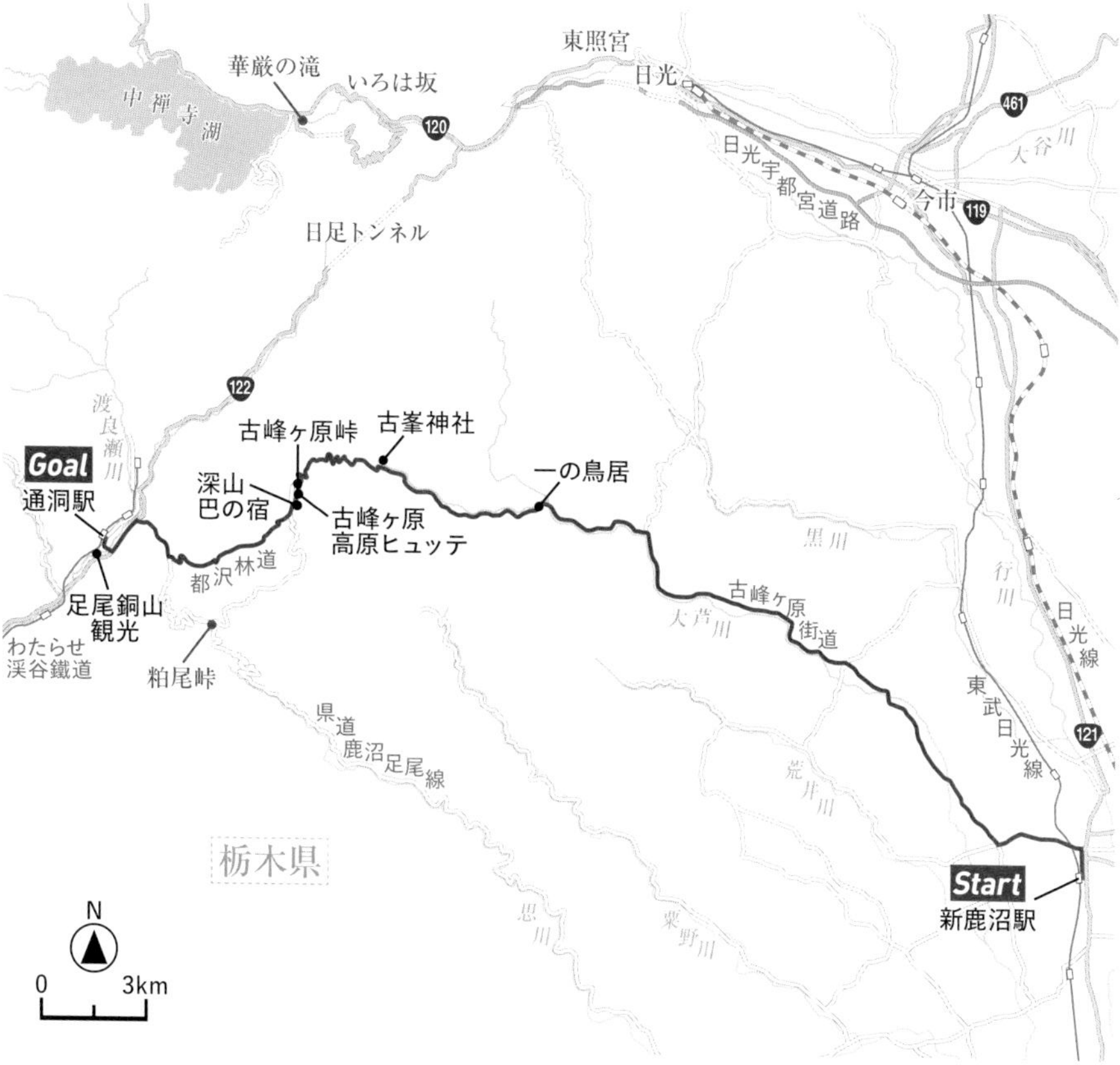


【行程】東武日光線新鹿沼駅－古峯神社－古峰ヶ原峠－深山巴の宿－都沢林道－足尾銅山観光－わたらせ渓谷鐵道通洞駅

【走行距離】43km

【アクセス】浅草から新鹿沼までは東武鉄道の「リバティけごん」や「スペーシア日光」などの特急を使えば1時間20分ほどだが、普通列車でも北千住や南栗橋で乗り換える程度で約2時間半。乗り換え前提なら中目黒からの東京メトロ日比谷線が北千住まで乗り入れているのを利用するのも可。復路はわたらせ渓谷鐵道通洞から終点の桐生まで約1時間10分。ここから両毛線に乗り換えて小山まで約1時間、さらに東北本線で上野まで約1時間30分。同じく桐生から両毛線で新前橋に向かい40分、さらに高崎線で上野までが約2時間10分。営業キロ数は短いほうをとるので料金は変わらないが、小山経由のほうがスムーズな印象だ。わたらせ渓谷鐵道を相老で下車（約1時間）、東武鉄道に乗り換えて特急に乗れば約2時間で浅草。

【利用地形図】国土地理院発行5万分の1地形図「鹿沼」「足尾」

【アドバイス】足尾銅山観光はじっくり見学すると案外時間がかかるので余裕を持ちたい。わたらせ渓谷鐵道には季節や曜日によってトロッコ列車が走っていて、タイミングが合えば楽しい。ただし始発駅から満席で乗れないこともある。また、本稿執筆時点では水沼駅併設の温泉センターを運営する企業が破産申請を申し立て、同センターは休館となっている。訪れる際はわたらせ渓谷鐵道などに問い合わせをしたほうが賢明だ。

輪行サイクリングの知識と基礎 5

# 自転車を分解収納する

JRの規定によれば、自転車を袋に収めて列車に持ち込めるサイズは「縦・横・高さの合計が250cm以内」（ただし長辺が2m以内）だ。

一部の特殊なものを除けば自転車のフレーム自体は分解することができないから、その部分が60cm×50cmくらいはあり、同様に車輪も空気を入れたままなら直径70cmくらいはある。つまり、自転車を分解して達成できるミニマムな寸法は、70cm×70cm×20cm（合計160cm）くらいになりそうだ。

長辺2m以内と余裕があることから、フレームから前輪だけ外して、大きな袋に収めた状態でも、JRの基準を満たす可能性はある。ただ自転車を巨大な袋に入れてクルマに積んだり宅配便で送ったりができたとしても、本書ではこれを輪行とは呼ばない。公共交通機関内で他の利用者の迷惑にならないよう、それなりに労力を払って自転車を分解して旅に出る、それを輪行と呼びたい。

分解、あるいは組み立て時に多くのビギナーがつまづくのは、後輪の脱着だ。後輪にはリアスプロケットがあって、チェーンホイールからチェーンがぐるりと巻きついている。そこに後ろ変速機もあるため、この部分の作業が最大の難関なのだ。

自転車を正立状態（ふだん乗る状態）のまま作業を行うのが難しい場合は、ハンドルとサドルを地面に向けて倒立状態（逆立ちの状態）にして、両手を後輪の脱着に集中させる手がある。慣れてくればなんともないこ

❶

❷

❸

**最低限用意しておきたい携帯工具の例**

①イクイプト・サーディン。3、4、5、6mmアーレンキーとトルクスT25に絞られている。②クランクブラザーズ・マルチ17。③エイト・ミニツール

と言いたいが、慣れるまで苦労する人も多い。ここはひとつじっくり腰を据え、できれば慣れた人（やショップ）の手ほどきを受けながら習熟してほしい。

その他の要注意事項としては、

- ●後ろ変速機を接地させる場合は、エンド金具（欄外註）を利用するなどしてトラブルを未然に防ぐ
- ●ペダルのネジの向きは左右で異なる（右ペダルは正ネジ＝時計回りで締まる、左ペダルは逆ネジ＝反時計回りで締まる）
- ●油圧ディスクブレーキの場合はローターを抜いたあとにパッドスペーサーを入れておく
- ●極力、自立するようにストラップで固定する

などの点が挙げられる。

では以降のページでロードバイク、ランドナー、折りたたみ小径車の分解収納を解説したい。

## 自転車の各部名称

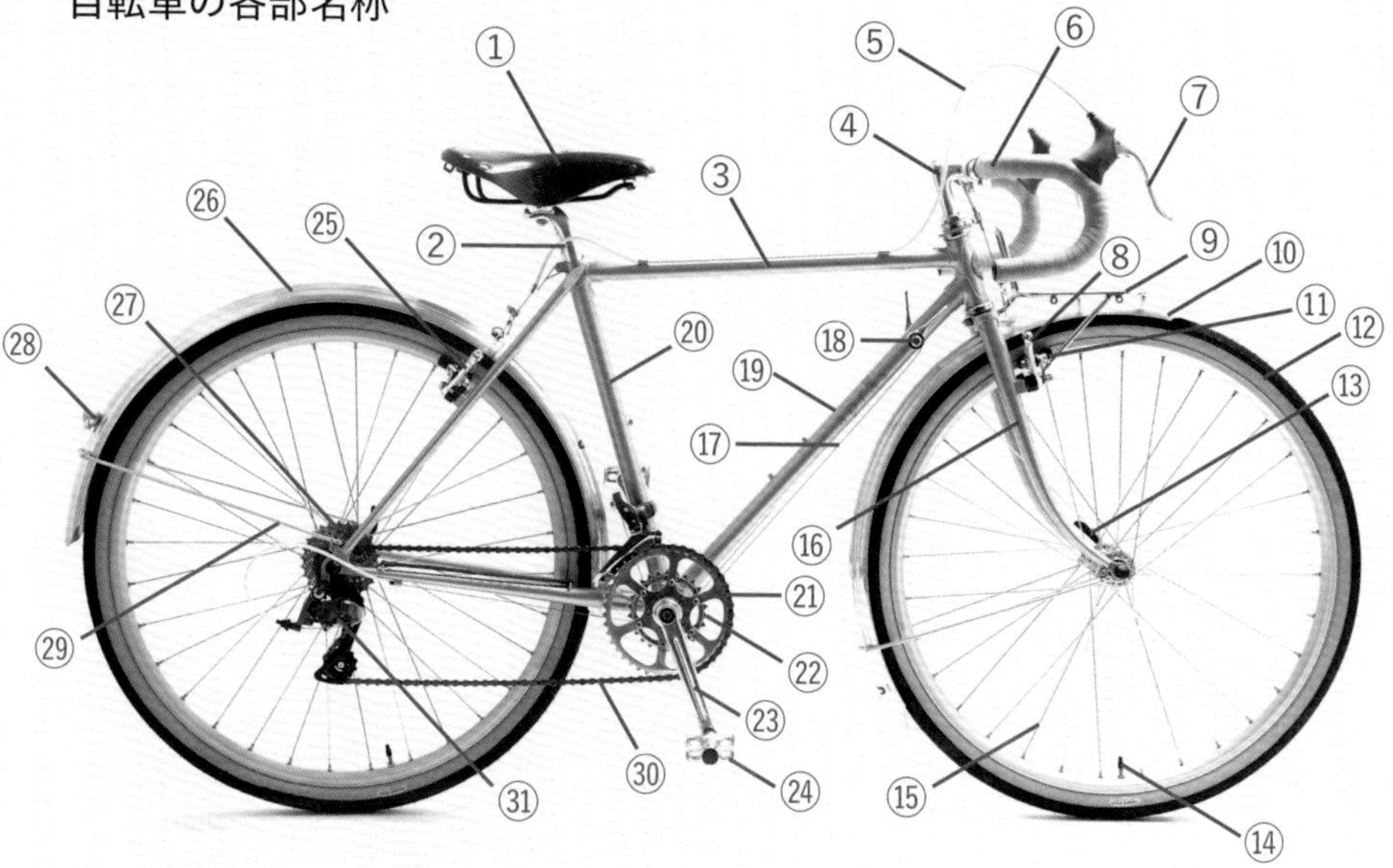


①サドル　②シートピラー　③トップチューブ　④ステム　⑤ブレーキワイヤー　⑥バーテープ　⑦ブレーキレバー　⑧カンティブレーキ　⑨フロントキャリア　⑩泥除け（前）　⑪ブレーキシュー　⑫タイヤ　⑬クイックレリーズ　⑭バルブ　⑮スポーク　⑯フロントフォーク　⑰シフトワイヤー　⑱シフトレバー　⑲ダウンチューブ　⑳シートチューブ　㉑チェーンリング（アウター）　㉒チェーンリング（インナー）　㉓クランク　㉔ペダル　㉕カンティブレーキ　㉖泥除け（後ろ）　㉗リアスプロケット　㉘リフレクター　㉙泥除けステイ　㉚チェーン　㉛リアディレイラー

エンド金具＝後輪を外したあとのフレームエンド部に装着して、輪行時に後ろ変速機が接地しないよう保護する器具

輪行サイクリングの知識と基礎 6

# ロードバイクの輪行

リムブレーキ仕様のロードバイクの輪行は非常にシンプルで簡単だ。前後輪はクイックレリーズで外すことができ、ほぼそれだけで輪行袋に収納できる。

現在入手できるロードバイクの主流がディスクブレーキ仕様になったのはかえすがえすも残念だが、まずはリムブレーキ仕様のロードバイクの輪行から見ていこう。

## クイックレリーズの使いかた

本書で扱うほとんどの自転車は、クイックレリーズという部品を用いて車輪をフレームに固定している。そこでここではクイックレリーズの扱いかたを簡単に説明しておこう。説明は前輪で行う。

クイックレリーズはレバーの開閉動作によってのみ車輪の固定を行う。レバーに文字が書いてある場合は「OPEN」が開いている状態（＝固定されていない）、「CLOSE」が閉じている状態（＝固定されている）となる。

## 市販車の場合

フレームの、前輪を固定している部分を「フロントエンド（フロントフォークエンド）」というが、この部分に脱落防止の爪がついている。これは、間違ったクイックレリーズの使いかたによって正しく固定されていなくても、簡単には前輪が脱落していかないようにつけられたものだ。

この仕様の自転車では、クイックレリーズのレバーをOPENにしただけでは車輪は外れない。この爪を乗り越えるくらいまでクイックレリーズが開かないといけないのだ。仮にこの爪の突起が2㎜だとしたら両側で4㎜となり、レバーを開く作業に加えて、反対側のナットを5回転ほど回さないと外れない。

# 一般的なクイックレリーズの使いかた

## 車輪が固定されている状態

車輪はフレームに対して、クイックレリーズの締結力によって固定されており、外れない

## レバーを開く

クイックレリーズのレバーを180度起こし、OPENの文字が見える状態にする

## フロントエンドの爪

フロントエンドには爪があるため、レバーを開いただけでは車輪は外れない

## ナットを緩める

レバーではなくナット側を5回転ほど緩める（同じ自転車ならいつも同じ回転数になる）

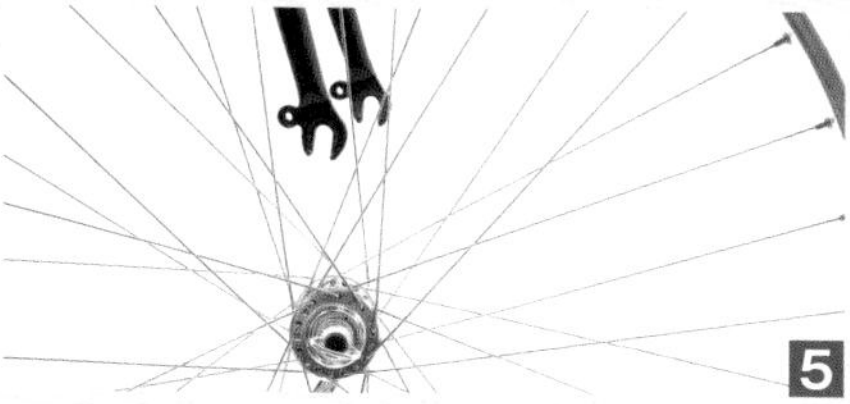


## 車輪を外す

爪を乗り越える位置までナットを回せば車輪は外れることになる

## 車輪を取りつける

まずは車輪の軸がフロントエンドの奥まで、左右ともきちんと入っていることを確認する

## ナットを締める

ナット側を5回転ほど時計回りに締め、レバーが適切な力で倒れるよう調整する

## レバーを倒す

手のひらで強く押せばレバーが倒れるというのが適正な締め加減。そうなるようにナット側を回す

## 一部オーダー車などのクイックレリーズの使いかた

1

**固定されている状態**

ホイールはフレームに対してクイックレリーズの締結力によって固定され動かない

2

**レバーを開く**

クイックレリーズのレバーを180度起こし、OPENの文字が見える状態にする

3

**車輪が外れる**

フロントエンドに爪がないフレームなら、クイックレリーズの操作だけでホイールが外れる

4

**取りつけ**

車輪の軸がフロントエンドの奥まで、左右ともきちんと入っていることを両手で確認する

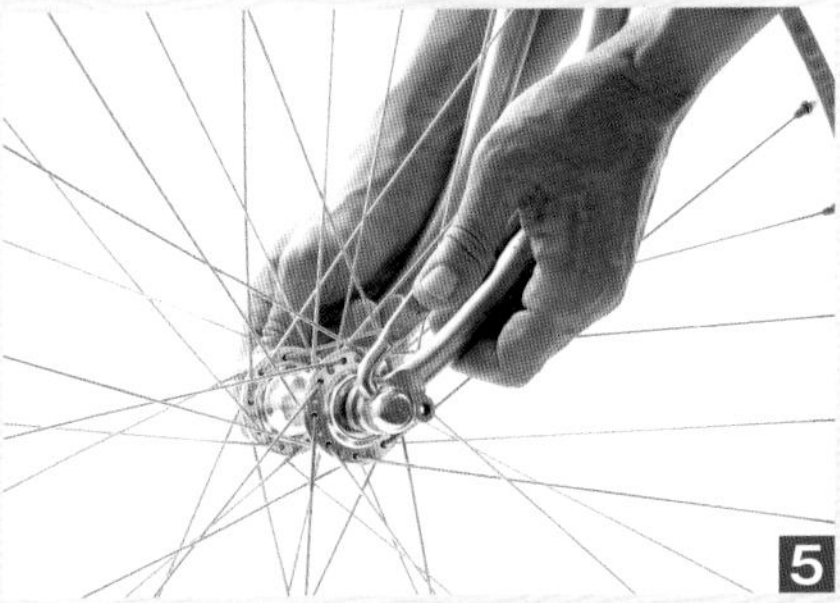

5

**レバーを倒す**

手のひらで強く押せばレバーが倒れるというのが、適正な締め加減だ

6

**車輪が固定される**

レバーを倒すと内部のカムが働いてホイールを固定する力が働く

オーダー車や旧式のメーカー車などのフロントエンドはフラットな仕様になっている。そのためクイックレリーズの本来の機能が発揮でき、レバー操作だけで車輪が脱着できる。レバーの開閉が軽すぎるか、重すぎる場合にのみ、ナット側で調整する。

# 後輪を外す

ほぼすべてのスポーツ用自転車には後輪の車軸付近の右側に変速機がついていて、チェーンをどのギヤにかけ替えても、この変速機に仕込まれたバネがチェーンのたるみをとり、チェーンの脱落を防いでいる。

変速機は、まっすぐ駆動するチェーンを横に移動させて（脱線させて）、ギヤをかけ替える（ディ・レイルする）機能だけではなく、ギヤの歯数をかけ替えることによって生じるたるみをも吸収する機能を持っているのだ。変速機が発明されたきわめて初期には、チェーンを横に移動させる機能と、テンションを保つバネ機能は、ふたつの異なる部品に担わせていたようだ。つまり、ディ・レイラーと、テンショナーであったのだ。

後輪を外すとき、後輪のギヤ（スプロケット）には前から来たチェーンがかかっている。後輪をフレームから離すときには、そのチェーンとギヤのかみ合いを離すことになる。うまく後輪を外すことができても（できなくても）、その後でチェーンがもともとどのようにかかっていたかわからなくなる人が非常に多い。つまり、なんとか外すことができても、はめることができなくなってしまうのだ。

ディレイラーにはスプリングが入っていて、その効果でチェーンを引っ張っているのだが、後輪を外すと元がどのようになっていたかわからなくなってしまう。後輪を外したあと、ディレイラーのスプリングは戻ってしまうので、ディレイラーが見

## 後輪の外しかた

1

**倒立状態で後輪を外す**

自転車が自立するので両手が使える。片手はクイックレリーズ、もう片方でディレイラーを動かす

2

**ディレイラーを動かす**

ディレイラーを、取りつけ部のピボットボルトを軸に後方に動かし、車輪を上に持ち上げる

たことのない形になってしまう。

また、自転車を正立で後輪を外せるようになった人は、その体勢で後輪を装着できるようになることが多いが、自転車を倒立して後輪を外すように学んだ人は、その体勢でしか後輪を装着できるようにならないようだ。

どちらでも構わない、と言いたいところだが、駅前など状況によってどちらかでしか後輪の脱着ができないシチュエーションもあるし、クラシックなランドナーなどはブレーキワイヤーがブレーキレバーから上に出ているので、自転車を倒立して後輪を外そうとするとこのブレーキワイヤーを傷めてしまうことになるのだ。

どちらでもよいので後輪の脱着に習熟し、その後、ほかの方法でも脱着できるように慣れておくのがよい。

ギヤは、リアはチェーンがトップ（最小ギヤ）にかかった状態というのが原則だが、フロントがアウター（大きいギヤ）、リアがトップという状態でホイールを外すのと、フロントはインナー（小さいギヤ）、リアがトップで外すのでは、行為としては同じでもコツが少し異なってくる。

アウターに入っているときはチェーンが張っていて、ディレイラーにもテンションがかかっているので、ディレイラーを手で動かさないと後輪は外れない。逆に、インナーに入っているときはチェーンがたるみかけていて、ディレイラーにはほぼテンションがかかっていないので、後輪は外しやすい。

ただし、後輪を外したあとにチェーンがアウターにかかっていると、輪行袋を傷めにくいし、うっかり上に手を置いても怪我をしにくい。逆の場合はアウターの歯が露出してしまっているので、怪我をすることもあり得るのだ。

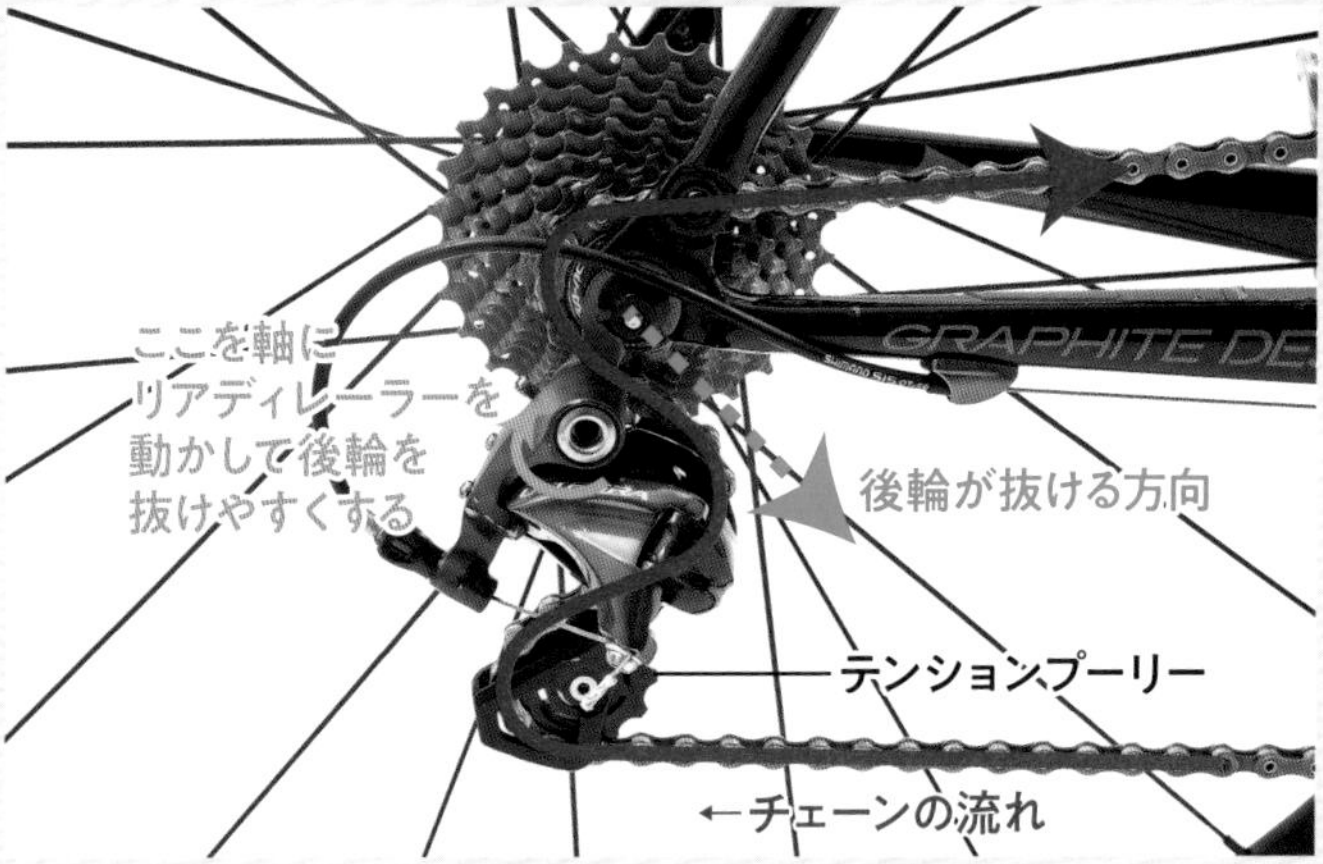


後輪を脱着する際には、チェーンがどこから来てどこを通っていたかを覚えておく必要がある。後輪を外す前に写メを撮っておくというのもいいアイデア。クイックレリーズを緩めて後輪の固定が緩み、ディレイラーを後方に動かす（固定軸を中心に回転させる）ことによって後輪が抜ける道を作ってあげる、というのが正しい理論だ

# ロードバイクの輪行手順

1

## ロードバイク（リムブレーキ仕様）の輪行

従来からあるリムブレーキ（非ディスクブレーキ）仕様のロードバイクの輪行は容易だ

## ブレーキのクイックレリーズを開く

サイドプルブレーキのクイックレリーズを開くことによってブレーキアーチが開き、車輪が抜けやすくなる

## クイックレリーズを開く

車輪のクイックレリーズを開く。クイックレリーズの扱いについては115ページを参照

## 前輪を外す

フロントフォークエンドに爪がないフレームの場合は、116ページのように車輪は簡単に外れる

## 後輪を外す

クイックレリーズを開いて後輪も外す。チェーンの位置関係については118ページの写真を参照

## クイックレリーズを抜く

エンド金具に使用するため、クイックレリーズのナットを回して車輪から引き抜く

## クイックレリーズの向きを確認する

クイックレリーズには2個のツルマキバネが使われている。それぞれの向きに注意

## エンド金具を装着する

エンド金具をしっかり装着して、ディレイラーを直接接地させないようにする

## エンド金具の向きに注意

エンド金具は直角で地面に接するように固定し、フレームを立てる

### 両輪を沿わせる

フレームの両側に車輪を置き、輪行袋に付属する3本の中締めベルトで固定する

10

11

### キズを防ぐ

スプロケットはフレームにキズをつける位置に来やすい。気になるならフレームカバーを使う

12

### 輪行完了

軽量なロードバイクならフレームをじかに持って運ぶことも可能だ

輪行サイクリングの知識と基礎 7

# ディスクブレーキのロードバイクの輪行

ディスクブレーキ仕様のロードバイクの車輪は、スルーアクスルという太い軸そのものでフレームに固定されている。工具を使ってこのスルーアクスルを緩めて引っこ抜く部分、そしてディスクブレーキならではのローターを歪《ゆが》めないように輪行することが、リムブレーキ仕様のロードバイクとの主な違いだ。

　また、メーカーのシマノとしては正立状態以外で自転車を運搬することは推奨しておらず、もし倒立状態等で運搬した際は、組み立て後にブレーキレバーの引きしろをしっかり確認してから走行してほしいとのことだ。

　ブレーキレバーからディスクブレーキキャリパーまでのブレーキホース内にはオイルが入っているのだが、ここにわずかでも空気が混じっていると運搬中にそれが移動し、ブレーキに影響する可能性があるからだ。

　僕としては輪行仕様の自転車には油圧式ではなく機械式（ワイヤー式）のディスクブレーキが望ましいと考えている。

## ディスクブレーキのタイプ

**機械式ディスクブレーキ**

ワイヤーを引くことによってブレーキパッドをローターに押しつけて制動する。旅先でも修理可能なのが輪行には向いている

**油圧式ディスクブレーキ**

ホースに封入されたオイルをレバー側から押し、ふたつ以上のピストンを均等に動かして制動する。現代の高級ディスクブレーキの主流

# ディスクブレーキ仕様のロードバイクの輪行手順

1

## ディスクブレーキ仕様のロードバイク

ディスクブレーキは車輪の軸に大きな力がかかるため、車輪はクイックレリーズではなくスルーアクスルで固定されている

2

## 後輪を外す

後輪のスルーアクスルを5mmアーレンキーで緩めて抜き取る

3

## 前輪を外す

前輪のスルーアクスルも同様に5mmアーレンキーで緩めて抜き取る

### ダミーローターを使う

ローターが抜けたあとのディスクブレーキ本体に、ダミーローターを差し込んでおく。機械式ディスクブレーキの場合は、ダミーローターを入れる必要はない

4

5

### エンド金具を使う

12mmスルーアクスル用のエンド金具を使用してフレームを自立させる

6

### 輪行完了

エンド金具とサドル、そして前後の車輪が接地した状態で、中締めベルトを使い確実に固定する

旧坂原分校跡でお昼を食べる

輪行サイクリングの旅

5

# 秩父から太田部峠を経て法久

秩父夜祭に龍勢祭、そして明治期の秩父事件。
そこからさらに、在りし日の鉱泉宿をしのんで
秩父盆地をいざ北へ

〈行程〉

西武秩父線西武秩父駅－吉田－椋神社－半根子－半納－太田部峠－法久－諸松－鬼石－神川町－JR八高線群馬藤岡駅

〈走行距離〉

70km

電車が横瀬駅を出て西武秩父駅に近づくと、眼下の町は霧に包まれているのが見えた。今日の天気は悪くないはずだが、まだ朝早い時刻のせいだろう。

大型時刻表の西武池袋線のところを見ると、昔は朝5時ごろ池袋駅を出て、7時に西武秩父駅に着く始発の直通列車が載っていた。僕の実家は大宮（さいたま市）なのだが、その大宮に住んでいたころもその後の住所でも、この始発に乗るのは不可能だった。だから、西武池袋線沿線に住んでいる人がうらやましかったものだ。それに乗れば、朝7時から秩父を走ることができるのだ。

今朝の僕は上野を5時過ぎに出て、西武秩父には7時33分に着いた。まぁこれでも全然悪くないな。改札を出てすぐ右の案内看板のところが、僕の自転車組み立ての指定位置だ。

駅前の道を左に行くと、すぐに団子坂の頂上に出る。ここは毎年12月3日に行われる秩父夜祭《よまつり》の見どころのひとつで、短い急坂を山車《だし》が一気に登って「御旅所《おたびしょ》」というフィニッシュ地点（ふだんは広い駐車場だ）に着くのだ。

秩父夜祭は祇園《ぎおん》祭、高山祭とともに日本三大曳山《ひきやま》祭と呼ばれており、毎年同じ日付で開催されるので、タイミングが合えば人生に一度は見て損のないお祭りである。

今日はその団子坂をひゅっと下り、秩父鉄道の踏切を渡ったところですぐ右手、御花畑《おはなばたけ》駅に立ち寄って朝ご飯を食べる。小さめだが雰囲気のよい駅舎は国の登録有形文化財に指定されているらしい。待合ベンチでは地元の人たちがおしゃべりを楽しんでいる。

御花畑駅には昔から立ち食いそば屋があってこれまで何度か食べていたのだが、朝食に食べるのは初めてかもしれない。しゃくしなそば４８０円也を注文。それができあがったころ、下りの列車が着いて高校生とおぼしき若者たち、そしてサラリーマンがパスモの自動改札を出てきた。そのひとりが天ぷらそばを注文。平日の朝の普通の光景なのだろう。

「あの〜」。呼ばれたほうに顔を向けると、お店のお姉さんがトングに炒めたしゃくし菜漬けを持って僕を呼んでいた。しゃくし菜漬けというのはチンゲンサイに似た、秩父名産のお漬物だ。「さっき芯のところばかりだったので、葉のところを」。お店のノレンはちょうどお姉さんの顔が見えない高さなのだが、きっと

西武秩父駅前、僕の分解・組み立ての定位置

御花畑駅のしゃくしなそば

微笑んでいることだろう。僕はありがたくどんぶりを差し出し、山盛りしゃくしなそばをいただいた。

## 龍勢祭と秩父事件

御花畑駅のトイレでボトルに水をくみ、走り出す。今日は群馬藤岡の居酒屋でヨシダさんと待ち合わせているので、秩父事件ゆかりの峠を越え、僕の好きな群馬県南西部、いわゆる西上州を少し走ってから温泉、というプランを考えた。谷間まで一度下ってからまた少し上るのだが、合計しても上り標高差は900mくらいだ。のんびり走ろう。

通い慣れた国道299号線を進み、秩父橋を渡る。この橋と平行して旧秩父橋があり、カッコいい三連アーチ橋なのだが、今日は補修工事中だった。残念。

橋を渡ってすぐ、左へ大きくカーブする国道から分かれ、直進する県道へ入る。皆野《みなの》へ向かう県道秩父児《こ》玉《だま》線だ。とたんに交通量が減ってホッとする。

頭上を立体交差で立派な道が越えていく。僕がフロントバッグのマップケースに入れて見ている平成5年版の5万分の1地形図「寄居《よりい》」には出ていないが、これが国道140号バイパスだ。この道はクルマで通ると、寄居あたりから荒川がぐるっと蛇行してくるところをトンネルでぶち抜き、皆野へ出る。さらにもうひと頑張りして小鹿野《おがの》の手前まで行っているのでクルマ的には便利だが、自転車にはまったく用がない。クルマがみんなそちらを走ってくれれば交通量が減って、自転車が走りやすくなって助かるといえば助かる。

「龍勢《りゅうせい》のまち　吉田」という案内標識に従って右折。

この先はかつて吉田町といった（今は秩父市に編入）。町のなかほどにさしかかると道の左手に椋《むく》神社が見えてくる。ここで毎年10月に行われる龍勢祭は、地元の人たちが手作りロケットを何本も打ち上げて椋神社に奉納するもので、国の重要無形民俗文化財の指定を受けている。僕は何度か見に来るチャンスがあったがまだ果たせずにいる。コロナ禍で3年ぶりに行われ、その2日後の今日、僕が立ち寄った。ロケットを打ち上げるための櫓《やぐら》は一昨日のままで、まだ火薬の匂いがしそうだった。

そしてこの神社は、秩父事件の舞台ともなった。秩父事件とは、かいつまんで言うと1884（明治17）年に秩父で起きた農民たちの武装蜂起だ。生糸などの相場の暴落や増税、借金苦にあえぐ農民たちが「困民党」を組織し、高利貸や役所を回って書類を焼いた。「恐れながら天朝様に敵対するから加勢しろ」。その決起の場所がこの椋神社なのだ。

困民党の一部は各地で農民を駆り出しながら、秩父から峠を越えて今の群馬県神流《かんな》町、上野村を経て、さらに十石《じっこく》峠を越え長野県佐久穂《さくほ》町、小海《こうみ》町に至って鎮圧された。そのコース、そして事件の一部始終はサイクリング愛好者ならずとも興味深いところだが、今日は椋神社から太田部《おおたぶ》峠を越えてみることにしよう。

椋神社でお参りをすませ、石間《いさま》川沿いの太田部峠への上りに向かう。道標には「太田部・石間」、そして「城峯山《じょうみねさん》」と記されている。右折。ここから峠まで10kmほど。ゆっくり上っても2時間くらいだろう。ちなみに標高差は500mくらいだ。

最初からギヤをインナーに落とし、ノンビリ行く作戦だ。すぐ道の右手に民家が現れる。ここが半根子だ。秩父事件で重要な役割を果たした「半根子の寅さん」こと落合寅市《とらいち》はここの出で、お墓がある。

半根子の地名は、本などによれば「はんねっこ」とフリガナが振ってあるが、僕は実際に聞いたことがな

▲沢口の先の最後の自販機で休憩

▼石間川沿いの静かな道を進む

かった。そこで次の集落、沢口で畑仕事をしていたお年寄りに尋ねてみた。「はんねっこ」。たしかにそう発音してくれた。なにかいわれがあるのだろうが、楽しい地名だ。

沢口には地元の人によってキレイなトイレが設置されていて、すぐそばには同じく秩父事件の主要人物、困民党副総理の加藤織平《おりへい》のお墓がある。先ほどの寅市が建てたこの織平の墓の台座には「志士」の文字が刻まれているが、この文字を削るようにと言ってきた警察を寅市は突っぱねたのだそうだ。その横には織平の子孫が建てた「世那推《よなお》しに　ささげ志命《しいのち》　當《と》ふと花《か》れ」の碑がある。

少し進むと道ばたに水場があった。軽自動車で来たおじさんがペットボトルに水をくんでいる。冷たくて美味しい。僕もボトルの水を詰め替えた。

## 山間の集落と旧分校

さらに進むと頭上高いところに集落が見えてきた。あれが半納《はんのう》かな。そして大きな鳥居のある分岐、直進が「沢戸」、右折が「太田部」、そして「城峯山」だ。

ここから一気に勾配が立ち上がり、つい弱気になって一番軽いギヤに変速した。しかしそれもつかの間、傾斜が緩くなるのでギヤは少し上げておく。さもないとこの先、呼吸も脚の回転もどちらも続かなくなる。

沢を少し上流に進んでから左ヘアピンで切り返し、斜面を上っていく。谷を挟んで沢戸の集落が見え始めた。あちらにも行ってみたいが、行き止まりの上り坂は自転車にとって常にハードルが高いのだ。

もう一段、右ヘアピンを曲がると半納の小さな集落になる。標高５５０ｍ圏、峠までの最後の集落であるこの半納は、秩父事件では神官以外の全戸が蜂起に参加したとされるが、今も６軒が現役で住まわれている。

畑仕事をしているおかみさんに声をかけた。畑では大根、イチゴ、オクラ、ゴーヤなどを作っているそうで、「ナスがいっぱいできているけど持っていかないかね」と勧められた。自転車で来ていることを告げると「そりゃダメか」と笑っていた。今度クルマで来たときにいただきます、と言ってまた坂道を上り始める。

林道上武秩父線を見送って右に上るとすぐに稜線鞍部の脇を通り、いくつか看板のあるところに出た。地形的には峠っぽくないが、強いていえばここが峠だ。

▲沢戸の集落を遠望する

▼太田部峠への上り。薄暗い植林のなかをのんびり上る

というのも、本当の太田部峠は車道上にはなくて、少し歩いた山のなかにあるのだ。もちろん、昔の峠道もその位置を越えているし、山岳サイクリング的には春か秋にそこを走るのも悪くない。

林道太田部峠線は峠のそばを通り、尾根を斜めにまたいで反対側の神川町へと下っていく。西隣の県道、高崎神流秩父線（土坂峠《つちさか》＝トンネル）がこの夏の大雨の影響で崩落し通行止めが続いているのに対し、僕が今走っている道は通行止めにはなっておらず、ありがたいことに静かなサイクリングが楽しめる。

というわけで、ネット上では太田部峠なのかもしれないし、僕が見てきた紙媒体上では「新太田部峠」だったりするこの峠は、イマイチ、峠の風情に欠ける。なのでシャッターを1枚切って、北へと下り始めた。

勾配がそこそこあるのでスピードが出るが、路面はあまりよくない。木漏れ日で路面がまだらに見えて凹凸が見づらいし、そんな区間をしばらく走ると、日陰に来たときに目が慣れるのにひと呼吸かかる。まぁゆっくり下ればいいんだけど、と思いつつもクルマのまったく来ない峠道を楽しんで下りていった。

途中で、明らかに周囲から土砂が流れてきて、それをどけたらしき区間があったので、少し前ならここも通行止めだったのかもしれない。あまり下調べせずに来るのも考えものである。道は下に向かうにつれてキレイになり、神流湖をまたぐ太田部橋に出た。ここから群馬県。ちょうど正午だ。

国道462号線に出て上流側、左へと進む。小さなトンネルを抜けてしばらく行くと法久集落への舗装路が右に分かれる。「法久入口　坂原分校2200M」の標識が立っている。

ちなみに法久は「ほっく」と読む。地形図ではフリガナが振ってあるので昔から読めてしまったが、普通ならサッとは読めまい。この法久もさっき通った半納の集落とほぼ同じ、標高500mあたりにあって、まだ何軒か住んでいる。それどころかつい先ごろまで小学校があって、といっても1995（平成7）年までだそうだが、国道からの分岐にも「坂原分校」とその名前が書かれていた。正しくは美原《みはら》小学校坂原分校、である。なかなか素敵な雰囲気の建物が残されている。

道路は少し急な上り坂だが、標高差は200mほどだし、先ほどの道標でごていねいに2200mと書いてあったので、歩いたって30分だ。またまたギヤはロ

神流川を渡る太田部橋へと下り着く。渡れば国道462号線だ

ーに落とし、のんびり上っていく。お昼ご飯は坂原分校あたりで食べることにしよう。

九十九《つづら》折れをいくつか繰り返し、道が右へと巻いていくようになると集落が近づいてくる。道ばたに法久地区の案内板があって、集落のすべての家がフルネームで案内されている。

この案内板によれば、今走っている道をこのすぐ先で離れて右へ行くのが分校への道のようだ。クルマで行くには狭いが、自転車ならなんともない。ただ、ここは下り坂なのでもし間違えたらイヤだな、戻るのは。

この道は僕が持っていった5万分の1地形図には描かれていないのだが、国土地理院のウェブ地図には途中まで実線（軽車道、3m未満）として描かれていて、まさにその通りの小道だ。沢を小さな橋で渡ったすぐ先で次の沢にぶつかり、ここからはコンクリで固められた急な歩道を自転車を押し上げることになる。すぐ上に旧坂原分校とその校庭が見えてくる。水が引いてあって、美味しそうなやつが無限に飛び出してくる。今日はうまい水に事欠かないサイクリングだ。

燦々《さんさん》と降り注ぐ陽光を浴びてお昼を食べ、昇降口でちょっとお昼寝だ。まぶたを閉じても裏側が暖かいが、この感触もうれしい。今日はもうたいした上りはないから、のんびりしていいはずだ。法久の集落にはまだ人が住んでいるはずだが、物音ひとつしない。

小一時間休んでからヘルメットを被り直した。分校のすぐ上に車道が通っているので、そこまで自転車を押し上げ、またがる。

日当たりがいい斜面に何軒か家がある。相変わらず人の気配はあまり感じないのだが、洗濯物が干してある。急な坂を上っていくと道は林のなかを行くようになり、やがて大きな左ヘアピンとそこに合流する道の分岐に出た。目の前にはクルマを置いてある家もある。正解は直進っぽくはないのだが直進で、よく見ると「スーパー林道」という矢印が出ていた。

少し狭くなった道を上っていくと小さな鞍部を越えて小尾根の向こう側に回り込み、やがて御荷鉾《みかぼ》スーパー林道に突き当たった。ここは雨降山《あめふり》を経て東御荷鉾山への登山口にもなっているようで、山登りに行っているのであろう、ジムニーが1台駐めてあった。地図によっては法久峠地蔵尊なんて書いてあるのもあるが、法久峠は正しくはこの場所ではない。まあ、この峠の旧道を行き交う人ももういないのだろうから、そんな細かいことはよいのかもしれない。

ときおりクルマが通るこの道を右へ、鬼石《おにし》方面へと進む。もうここからはずっと下りだ。後ろから郵便配達のオートバイが抜いていく。僕の頭のなかはクエスチョンマークでイッパイになった。この林道上には人家はないぞ。いや、搭載メモリ16メガバイトの脳内コンピュータは即座に演算。先ほど通った法久集落への配達があって、帰路はこの道から鬼石方面へ戻るのが早い、という計算結果だ。へぇ、冬も通るのかな、楽しそうだな。

このスーパー林道を最後まで下ると、お昼に通った国道462号線に出るのだが、今日は途中から三波川《さんば》へ下る道を選んだ。たぶんさっきの郵便配達もこちらへ行ったと思うのだが、下り始めてすぐ、オッと思うほどの勾配になった。これ以上急になったらドロップハンドルは下側を持ってしっかりブレーキをかけないと十分に減速しない。そのギリギリの急勾配は、逆から上ってくるのだけはゴメン被《こうむ》りたい感じだ。2㎞ほどで260m下るから、この区間の平均勾配は13％だ。

その勾配の途中に諸松《もろまつ》の集落がある。住んでいるのか畑仕事か、クルマで来てなにやら作業している。下

急な下りの途中に現れる諸松の集落

ってくる自転車を珍しそうに目で追っているが、こちらは安全に下ることで精いっぱいだ。

## 味噌蔵、温泉、そして居酒屋

県道に出てようやくひと息ついた。たった数時間ぶりではあるが、クルマが行き交い、自販機もある道路が懐かしい。下り基調の道をピューッと下り、鬼石の町中に入っていく。まだ時間に余裕があるので、また神流川を渡って隣の埼玉県神川町にあるヤマキ醸造に立ち寄ってみることにした。ヤマキ醸造は醤油や味噌、豆腐などを作っていて、醤油もろみ蔵を見学できるらしいのだ。

僕はふだん自宅で使うお味噌を、旅先で買った1、2の銘柄で過ごしていて、次のやつを調達してこようという算段だ。フロントバッグにはちゃんとそのスペースを想定して出かけてきた。

ヤマキ醸造の直売店にはちゃんとバイクラックも用意されていた。平日の昼間だが数人のお客さんがいる。2階にあると聞いてきた見学フロアを見たい旨を伝えると、ふたつ返事で案内してくれた。

スリッパに履き替え2階に上がると、製造工程を説明するディスプレイがあって、ガラスの向こうに広〜い醤油のもろみ蔵が見渡せる。予約すれば案内してくれるらしいが、飛び込みで来るとただ見るだけになって少しもったいない。そして、撮影禁止なのが残念。

さらに予約が必要だけど、醤油を搾ったり豆腐を作ったりという体験もできるそうだから、なかよしグループでちゃんと予約して、それを目的に来るというのもアリだ。

見学を終え、お味噌を買いに来たことを伝える。味噌汁の試飲を勧められ、温かいやつをいただく。ちょっと甘い感じだが悪くない。「召し上がったのが今イチオシの『夏越みそ』です」と店員さん。ではそれを！と僕。

この夏越みそは麦味噌と米味噌を合わせた夏限定のもの。訪れたのは10月なのでそろそろこのお味噌は終わりになるところだそうだ。美味しいといいな。

さて、次は温泉だ。立ち寄りどころ盛りだくさんの今回のサイクリングは、終盤に温泉と居酒屋がプランされている。温泉はこのまま神川町を北へと進んで、5万分の1地形図「寄居」から「高崎」に移ったあたりにある日帰り温泉「おふろcafé白寿の湯」だ。

実はこの春、上野村で行われていたイベントで僕はここの無料招待券をゲット、半年の間ずっと行く機会をうかがっていたのだ。入館料金780円をタダにするだけで、ヒトは旅に出るのである。単純なものだ。

というわけで白寿の湯だ。ちょっと赤褐色のお湯は熱すぎずぬるすぎず、長湯にぴったりだ。お風呂以外にお食事処やマッサージなども充実しているが、なにより素晴らしいのは「うたたね処」だ。ゴロ寝スペースはひとりずつ簡易的に仕切られ、みんな思い思いに転がっている。お風呂から出てこいつを見つけ、「空いてるかな？」と0・5秒ほど検分し、一番奥にひとりぶんのスペースを発見して即座に潜り込んだ。無料のWi－Fiが飛ぶこの空間なら何時間でもいられそうだ。

湯冷めをしないようにレインウエアを上だけ着て、群馬藤岡までの残り9㎞に取りかかる。白寿の湯の前を左に出て朝日工業の大きな工場の横を通り、神流橋を渡って右に曲がればあとは藤岡まで一本道だ。

本日のフィニッシュ駅はJR八高線の群馬藤岡駅なのだが、駅から歩いて10分ほどのところに目指す居酒屋、「奥多野《おくたの》」はある。

白寿の湯から群馬藤岡駅に向かう途中で日が暮れていく

ヤマキ醸造で買った「夏越みそ」

白寿の湯。のんびりする設備が整っていてうれしい

そしてこの「奥多野」という名前がミソだ。群馬県には多野郡という郡が存在しており、県南西部の隅っこの、神流町と上野村が所属している。その多野地域の奥深くに、「奥多野館」という旅館がかつてあった。群馬県多野郡上野村、浜平《はまだいら》鉱泉、奥多野館。1996（平成8）年ごろに廃業したこの宿に人一倍思い出のある僕は、この「奥多野」という居酒屋もとても気になるのだ。そして今日はおそらく4回目の訪問だ。

開店時間の午後5時直前に着いたので、自転車を横に立てかけてお店の外観にカメラを向けていたら、店主が声をかけてくれた。「きょうは？」「はい、○○のヨシダさんと待ち合わせています」「アラ！」。僕を覚えてくれているわけはないが、地元のヨシダさんは有名人だ。親しげな会話がうれしい。店主は自転車にも興味がある様子で、僕のランドナーを少し説明する。

そこへスーツ姿、クルマに乗ったヨシダさんが登場。約束の時刻はピッタリだが、クルマじゃ飲めないでしょう？　そう言うとヨシダさんはニヤリとひと言。「オオマエさん、群馬には（運転）代行という素晴らしいシステムがあるのです」。僕らふたりが意気揚々とノレンをくぐったのは言うまでもない。

居酒屋「奥多野」。飲み終わったら駅までは押していきましたよ、もちろん

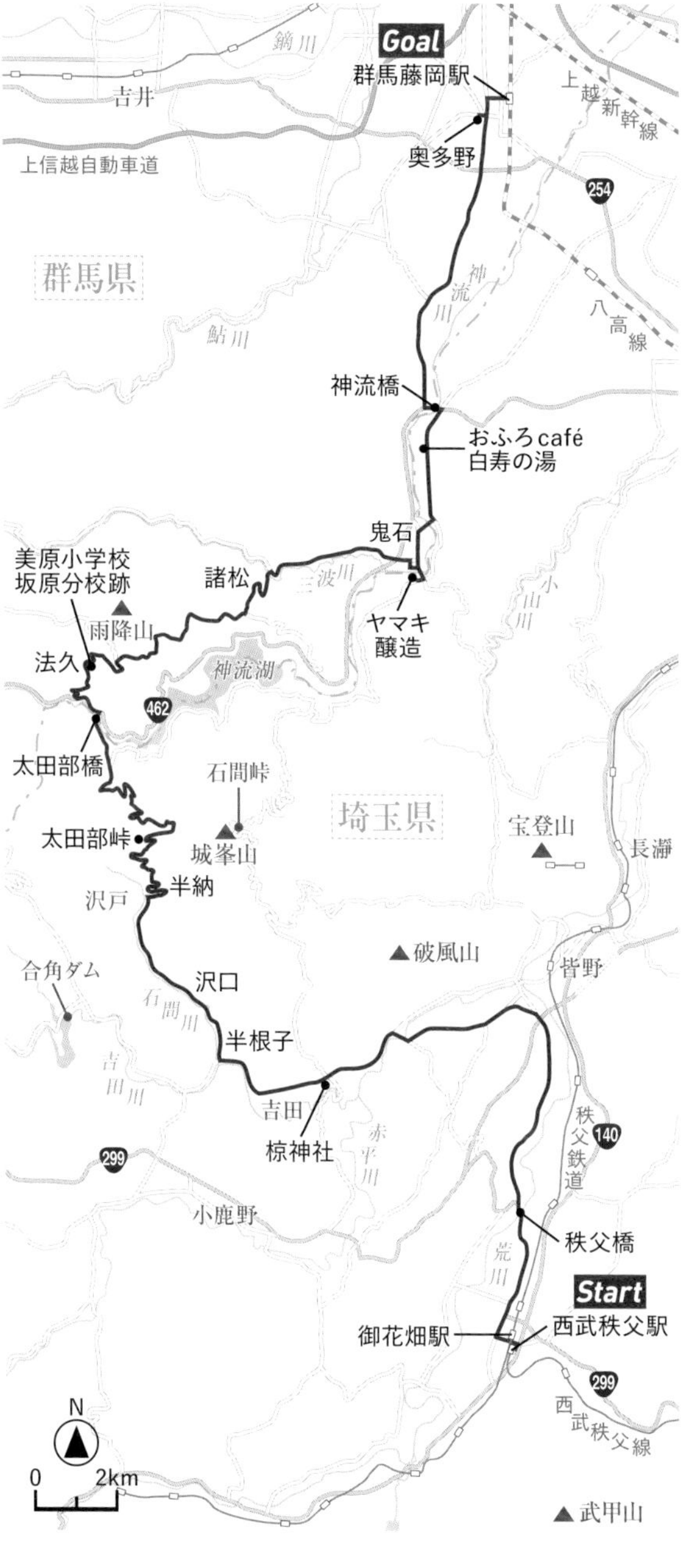


【行程】西武秩父線西武秩父駅－吉田－椋神社－半根子－半納－太田部峠－法久－諸松－鬼石－神川町－JR八高線群馬藤岡駅

【走行距離】70km

【アクセス】西武秩父線西武秩父へは池袋より特急「ラビューちちぶ」号が約1時間半と最もスムーズだ。特急料金900円を節約すると池袋から西武秩父までは飯能で1回乗り換え、およそ2時間かかる。復路は群馬藤岡から八高線で倉賀野まで約10分。高崎線に乗り換え上野までは約2時間だ。

【利用地形図】国土地理院発行5万分の1地形図「秩父」「寄居」「万場」「高崎」

【アドバイス】秩父盆地から神流川へと越える峠は、国道299号線の志賀坂峠（トンネル）を筆頭に矢久峠、土坂峠（トンネル）、太田部峠、石間峠と挙げられるが、それぞれに味わいがあり、訪れる価値がある。神流川へ下ってから走った御荷鉾スーパー林道方面もまた単独で訪れたいほどの長いコースだ。本書で走った8コースのなかで唯一、しっかり地図を見て走る必要があるルートであるとも言える。

輪行サイクリングの知識と基礎 8

# ランドナーの輪行（アルプス式）

ランドナーの輪行はロードバイクのそれにくらべ複雑だ。泥除けとキャリアがついているだけのはずだが、それらは取り外ししやすいわけではない。いざ外そうとすると時間がかかるし、携帯工具以外にも必要になる。

「輪行の歴史」の項でも述べたように、日本における輪行は1960年代後半に旅行用車を分解して運ぶ技術が見いだされ、それは「アルプス式輪行」と呼ばれて現在に至っている。ここで紹介するのは、このアルプス式の輪行方法だ。

アルプス式の輪行は、大まかにいってヘッド小物と呼ばれる部品を緩めて、フロントフォークを丸ごと抜く方式だ。これによってフロントキャリアと前の泥除けを外さずに輪行できることになる。

後輪はクイックレリーズを緩めて外し、泥除けは真ん中あたりで切断加工し、そのジョイント部から外す。最も先鋭的だった時期には「工具不要」なアルプス式輪行も存在したが、現在ではミニマムな工具での輪行に落ち着いている。

ランドナーの輪行に関しては、今回動画も撮影してYoutubeにアップした。本書とあわせてチェックしてほしい
https://youtu.be/oQV18MPd_ao

# ランドナーの輪行手順

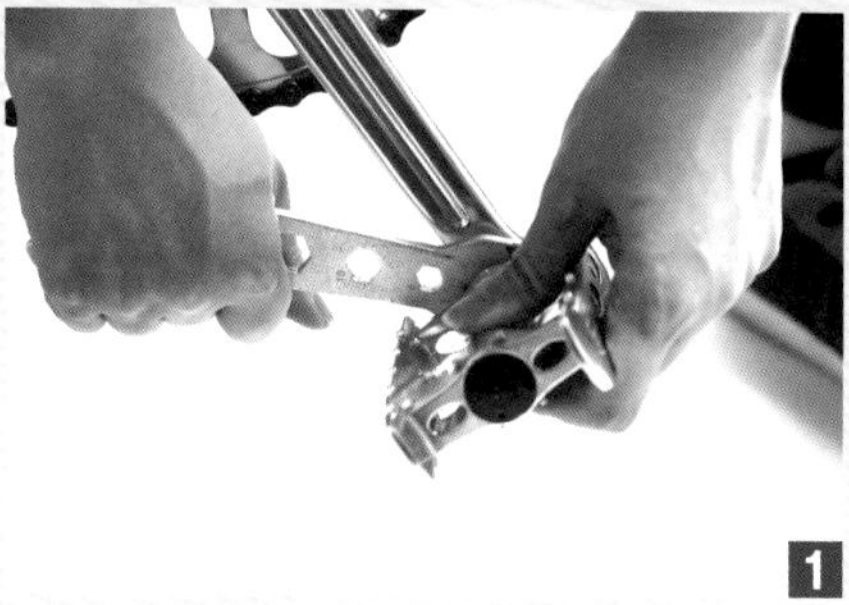


### 右ペダルを外す

右ペダルは正ネジなので、15mmスパナを使い、反時計回しで外す

### 左ペダルを外す

左ペダルは逆ネジなので、時計回しで外す。写真では6mmアーレンキーを使っている

### 前ブレーキのアーチワイヤーを外す

左右のブレーキシューをリムに押しつけて、ブレーキに引っかかっているアーチワイヤーを外す

### 後ろブレーキのアーチワイヤーを外す

同様に後ろブレーキのアーチワイヤーも外す。片側のブレーキシューのみ押しつけてもOK

### ステーを外す

後ろ泥除けのステーを止めているバンドのネジを緩める。この自転車の場合は3mmアーレンキーだ

### ネジを軽く締めておく

ステーが抜けたら、いったん緩めたネジが脱落してしまわないように軽く締めておく

### 泥除けを分割する

後ろ泥除けを分割してある部分の環つきボルトを緩めて外す

### 後ろ泥除けを外す

この自転車の場合は後ろ泥除けを分割式に加工してあるので、そのぶん楽に輪行できる

### 環つきボルトを戻す

先ほど外した環つきボルトを紛失防止のために軽く締めておく

### ブレーキワイヤーを抜く

ブレーキレバーを引き、それを戻すとワイヤーは引かれたままたるむので、先端の引っかけ部から外す

### 前後のワイヤーを同じく抜く

エアロブレーキレバーの場合はワイヤーが抜けないので、抜かずに輪行することになる

### 後輪を外す

後輪のクイックレリーズを緩めて後輪を抜く。チェーンが汚れないよう注意しよう

13

## 後輪にフレームを重ねる
後輪を地面に置きつつ、その上にフレームを重ねる。輪行の最終形態(写真㉕)を意識しよう

14

## ステムを抜く
6mmアーレンキーでステムを抜く。それほど大きく回さなくても抜ける

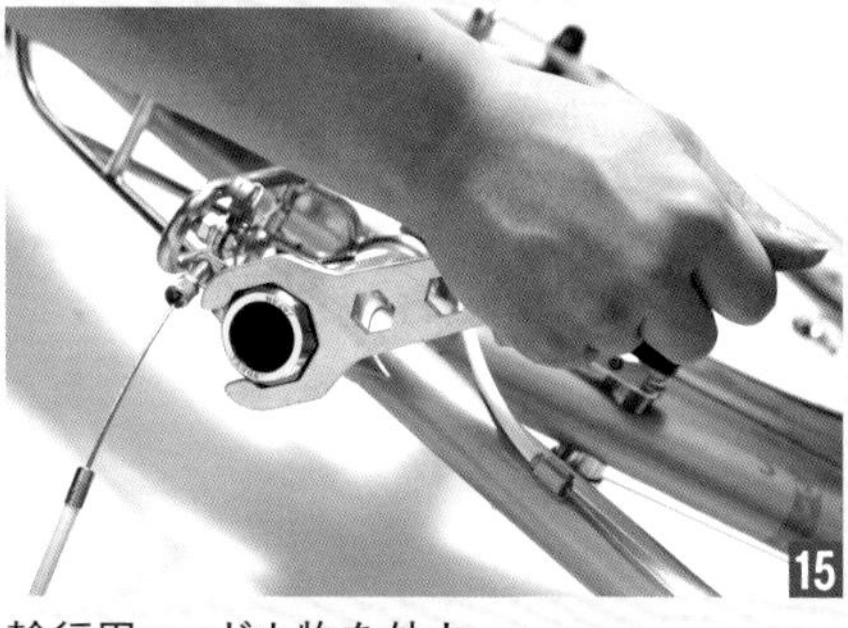
15

## 輪行用ヘッド小物を外す
32mmスパナ(ここではVIVA・マルチスパナ)を使ってヘッド小物のロックナットを緩める

16

## ヘッド小物の位置関係
輪行用ヘッド小物は写真左から順に、4つの部品が外れてくる

17

## フロントフォークを抜く
フロントフォークを抜いたら、ヘッド小物は順番に手で軽くねじ込んでおく

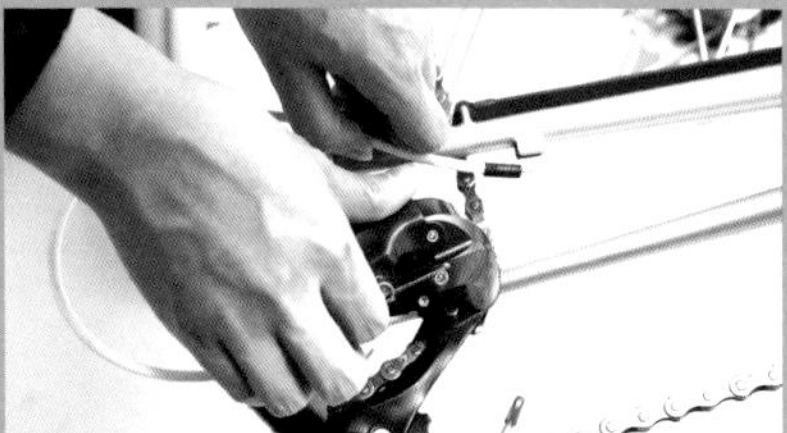
18

## シフトアウターの処理①
リアディレイラーのパンタグラフを手で動かしてワイヤーをたるませ、そのスキにアウター受けからシフトアウターを外す。エンド金具を使わない輪行のためにシフトアウターを保護する行程

＊この手順はアルプス式の究極技なので、不安な人はエンド金具を使用のこと

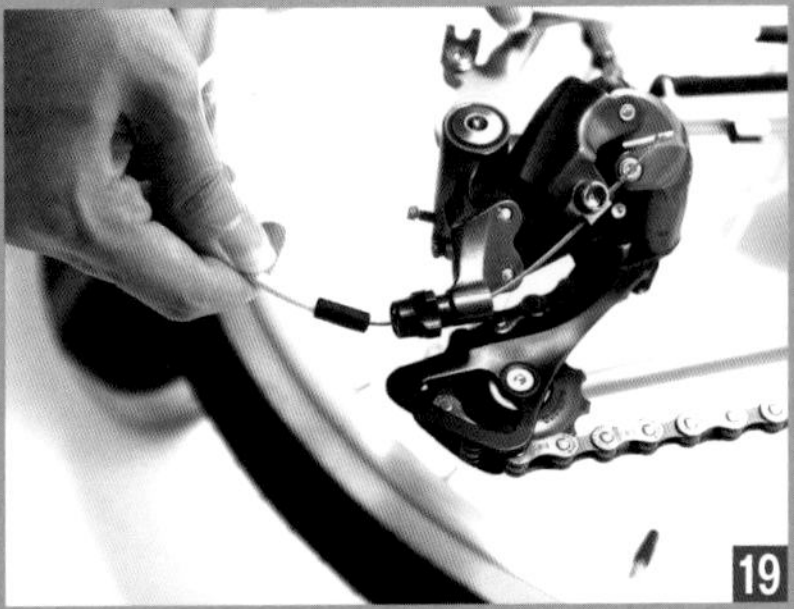

19

### シフトアウターの処理②

リアディレイラーからシフトアウターを抜く。こうすることで輪行で接地させるのはシフトワイヤーになり、アウターの損傷を防げる

＊この手順はアルプス式の究極技なので、不安な人はエンド金具を使用のこと

20

### チェーンをチェーンフックにかける

後輪を外したことでたるんだチェーンをチェーンフックに引っかける

21

### フレームカバーを巻く

シートチューブがキズつくのを防ぐため、フレームカバーが1枚あったほうがいい

22

### フォーク抜き輪行の正しいポジション

後輪、フレーム、フロントフォーク部を重ねた状態。サドルとディレイラーを結ぶ直線が接地ライン

23

### ハンドルを隙間に差し込む

この状態に対して、ハンドルを差し込むことのできる隙間は何ヶ所かあるので工夫しよう

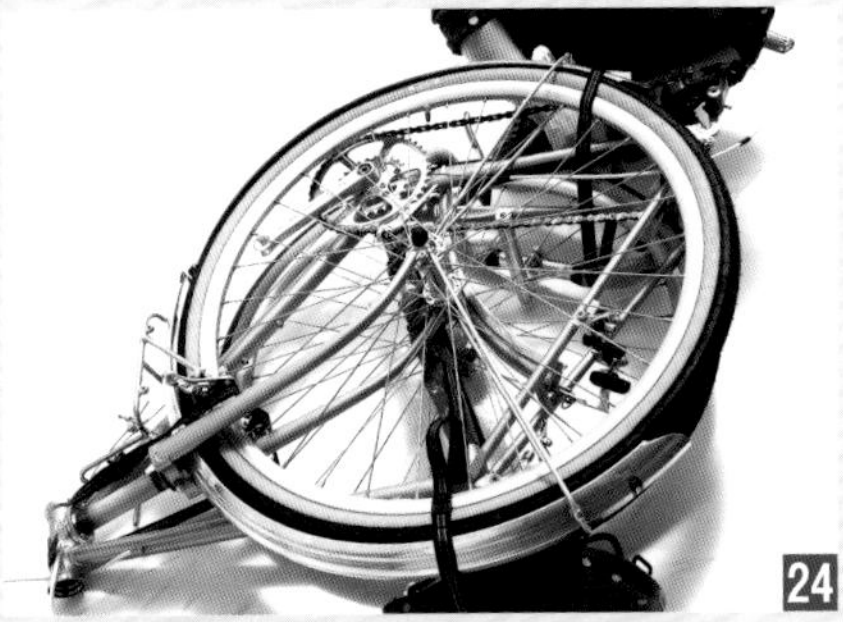

24

### 中締めベルトで固定する

輪行袋に付属する3本の中締めベルトで緩みのないように固定する。とくにフロントフォーク部は、車輪ではなくフロントフォークそのものを縛るようにする

25

**輪行完了**
この状態でしっかり自立する状態が望ましい。ペダルは輪行袋の外袋に収納するとよい

26

**ショルダーベルトを使う**
ショルダーベルトはフレームでなく車輪に巻きつけよう。もちろんバルブを避けてベルトを通す

27

**宙に浮かせてもガタつかない**
ショルダーベルトを持って軽く揺すってもガシャガシャ動かない状態が理想だ

# ランドナーの組み立て手順

### 中締めベルトを外す

輪行状態のランドナーを袋から出して平らに置き、3本の中締めベルトを外す

### フロントフォークをつける

フロントフォークをフレームに差し込み、ヘッド小物をねじ込んでいく。部品の順序に注意

### シフトアウターを元に戻す

保護のためにフレームから外しておいたシフトアウターを逆の作業で元に戻す

＊この手順はアルプス式の究極技なので、不安な人はエンド金具を使用のこと

### 後輪をはめる

ディレイラーを後方に動かし、スプロケットのトップギヤをチェーンに載せて後輪をはめる

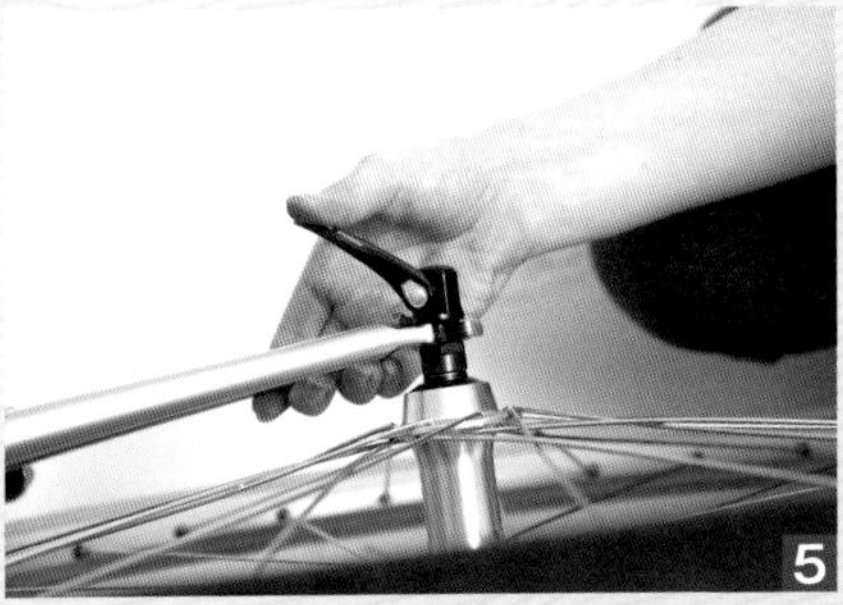


### クイックレリーズを閉じる

後輪が左右ともちゃんとフレームに入っていることを確認してからクイックレリーズを閉じる

### 正立状態にしてステムを差し込む

自転車を両手で持ち上げ正立状態にしてから、ステムを差し込む

### ステムを固定する

6mmアーレンキーを使ってステムを固定する。ステムはふだん使う高さに目印をつけておくとよい

### 前ブレーキワイヤーを確認する

フロントのブレーキアウターがアウター受けに正しくはまっているのを確認する

### 前ブレーキのワイヤーをレバーに引っかける

ブレーキワイヤーをブレーキレバーに引っかける。一般的には前ブレーキを右レバーで操作する

### 前ブレーキのアーチワイヤーを引っかける

左右のブレーキシューをリムに押しつけ、ブレーキのアーチワイヤーを引っかける

### ブレーキレバーを確認する

ブレーキレバーの所定の場所にちゃんとブレーキワイヤーがはまっているか、必ず確認する

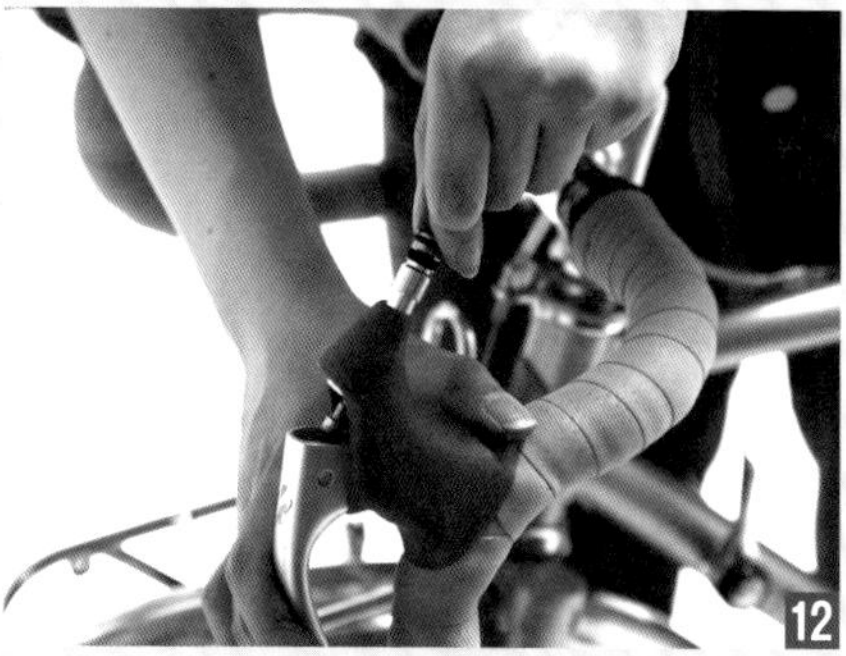


### 後ろブレーキのワイヤーをレバーに引っかける

後ろブレーキのワイヤーも前ブレーキと同様に作業して、左ブレーキレバーに引っかける

### 後ろ泥除けを装着する①

分割式に加工された後ろ泥除けを装着し、環つきボルトを手で締める

### 後ろ泥除けを装着する②

泥除けステーを固定するバンドのネジをいったん緩め、ステーを差し込んでから固定する

### 後ろブレーキのアーチワイヤーを引っかける

ブレーキシューをリムに押しつけて、後ろブレーキのアーチワイヤーを引っかける

### ペダルを装着する①

左ペダルは逆ネジなので反時計回しで締まる。最初は手で少しねじ込む

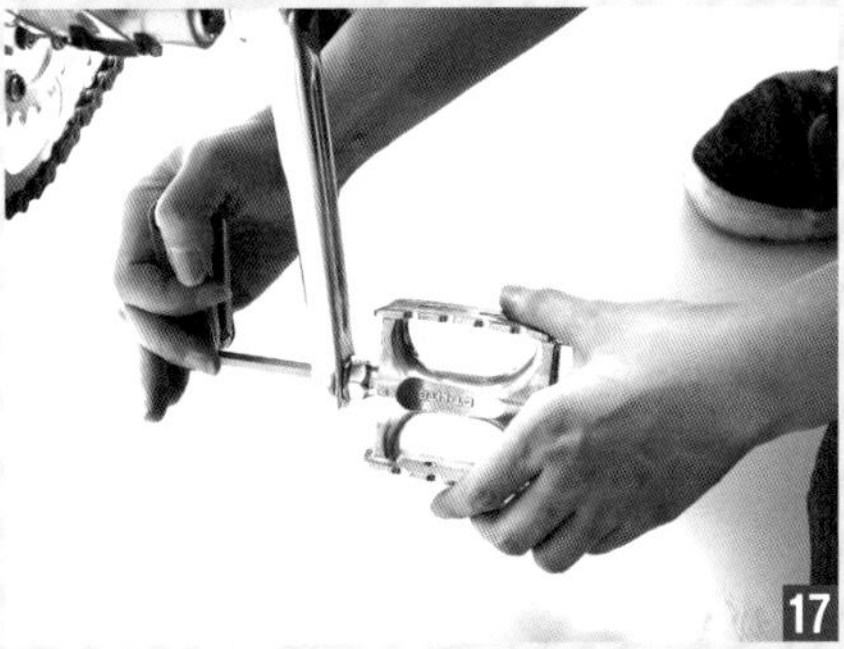


### ペダルを装着する②

6mmアーレンキーを使ってペダルを締めつけ、組み立て完了

### 組み立て完了

作業完了後、自転車を少し持ち上げて地面に落とし、緩んでいる部分がないかを音で判断する

筑波山を正面に見ながら恋瀬川サイクリングロードを進む

輪行サイクリングの旅

6

# 高浜からつくばりんりんロード

サイクリングロードとして生まれ変わった
鉄道廃線跡を辿りながら、
かつての面影を残す古きよき町並みを巡る

〈行程〉
JR常磐線高浜駅－恋瀬川サイクリングロード－高倉－柿岡－上曽峠－真壁－つくばりんりんロード－旧筑波駅跡－小田城跡－JR常磐線土浦駅

〈走行距離〉
64km

ちょっとしたトラブルで3分遅れとなっていた運行を1分遅れにまで縮め、それを逐一車内放送しながら走る日本の鉄道はまったく素晴らしい。でも、そこまでしなくてもと思ったりもする。上野から乗ったJR常磐線は土浦駅で後ろ5両を切り離した。そんなこと聞いていないし、時刻表を見ても書いていない。もし切り離される側に乗っていたら、僕らは輪行袋をえっちらおっちら移動させなきゃならず、面倒なことになりかねなかった。

　土浦駅からはドアの開閉も手動になった。そして高浜駅に降りたのはナガタ君のプラン通りだ。

　筑波山の北を越える峠、上曽《うわそ》峠に上るなら石岡駅でいいんじゃないかと思ったが、どうやら理由があるらしい。ナガタ君はアラヤのスポルティフを組み上げると、「恋瀬《こいせ》川サイクリングロードを走ろうと思うんです」と教えてくれた。

　日本大経済学部のサイクリング部以来、筋金入りのサイクリストであるナガタ君は、林道や温泉やキャンプだけでなく意外にもサイクリングロードの愛好者であるらしい。春日部の自宅からほとんど一般道を走らず、川沿いのサイクリングロードをつないで宇都宮まで餃子を食べに走ったり、なかなか個性的なプランを実行している。

　この日も恋瀬川サイクリングロードを走って終点付近から県道で上曽峠を越え、歴史的建造物が建ち並ぶ真壁《まかべ》に出て、そこからは筑波鉄道の廃線跡であるつくばりんりんロードを走って土浦駅まで走るというプランを用意してくれた。つくばりんりんロードは、僕は水戸線の岩瀬駅から通しで走ったことが一度あるだけなので楽しみだ。

## 個性派サイクリングロード

　恋瀬川サイクリングロードは少し（いや、かなり）地味なサイクリングロードだ。高浜駅から東に少し行った地点で、恋瀬川そのものは霞ヶ浦に流れ込んでいるのだが、サイクリングロードの起点が見当たらない。起点付近が工事中で、わからなくなっている。どうやら県道石岡田伏《たぶせ》土浦線が恋瀬川を渡る橋の工事中らしく、か細いサイクリングロードとの合流点へは立ち入りできないようだった。

　やむを得ん。畑のなかの道を適当に進んでいき、恋

朝の恋瀬川から霞ヶ浦方面を望む

瀬川右岸の土手に近づいていく。きっとサイクリングロードは土手の上に通っているはずだ。常磐線の鉄橋に交差する手前、どうやらお目当てのサイクリングロードに辿り着いた。時刻は9時を少し回ったところ。ここから恋瀬川サイクリングロードのスタートだ。

　今日の気圧配置は冬型で、北西の風がやや強いとの予報だ。ナガタ君のプランによれば「（北西に向かう）恋瀬川の風だけ我慢すれば、上曽峠越えは樹林のなかで風の影響は少なく、つくばりんりんロードに出れば追い風になる」とのこと。本当だな？

　地味な恋瀬川サイクリングロードだが、楽しくないわけではない。当然だがクルマは来ないし、たまに散歩をしている近所の人がいてほのぼのする。ナガタ君のスピードが速くて、のんびり会話しながらというわけにはいかないのが問題だが、もしかすると僕のスピードが遅すぎるのかもしれない。

　進行方向にはずっと筑波山が見えている。双耳《そうじ》峰の筑波山は遠くから見てもそれと判別しやすい山容なのだが、東京や埼玉など西の方向から見るのにくらべ、東から見る筑波山はなんだか違う雰囲気だ。「いつもと違って見えるね」と言いながら、僕とナガタ君は恋瀬川を遡った。

少し走ったところでサイクリングロードが川沿いから離れ、一般道で近くの高倉集落に導かれる。と、突然高倉休憩所が現れた。

地味だと思っていたサイクリングロードだが、ベンチだけでなく自販機やトイレがあってビックリする。どうやら最近整備されたらしい。

この高倉休憩所は、古い民家の敷地にカフェや蔵を使った図書室、サウナや古民家ホテルまであるようだ。今日は平日なのであいにくカフェは営業していないが、まだ木の香りがするトイレだけでも一見の価値がある。木戸を開けてなかに入り、「へぇ～」「ほぉ～」とひと通り見終わってから、トイレより奥はカフェなどの利用者のみ立ち入りできる場所のようだと気づいた。すみません。

道標に従って一般道からサイクリングロードに戻ると、川沿いのサイクリングロードらしからぬ坂道が登場した。こちとら峠越えで鳴らしたスジガネ入りの自転車乗り（自称）なので、眉ひとつ動かさずギヤをサッと落として坂にかかる。上り下りなどないはずのサイクリングロードを期待してきた人は少し驚くかもしれないが、ほんの短い区間なので気にせず自転車を押すなどして通過してほしい。

とはいうものの、川沿いの道を走ってきたら川から離れた挙げ句、山のなかの細道に連れこまれたら、初めての人はきっと驚く。

「おいおい、これ本当に恋瀬川サイクリングロードなの？」と思いながら上り、そして路面全体に湿った落ち葉が散り積もる下りにかかった。コーナーもあるから気が抜けない。これはなかなかスパイシーなサイクリングロードだな。

わずか数分で道は川沿いに戻ってきた。しかし今度は工事のために迂回しろという看板。光安寺《こうあんじ》橋というのが工事中らしく、しばらく一般道を走らなければならないらしい。言われた通りに一般道へとハンドルを向けると、クルマがびゅんびゅん走ってどうも居心地が悪い。たった1時間ほどだが、クルマが来ないサイクリングロードの魔力は僕らをトリコにしたのかもしれない。

工事看板通りにサイクリングロードに復帰すると、もう終点が近い。恋瀬川が県道石岡筑西《ちくせい》線と交差するところでこの道を外れ、上曽峠へと向かうことにする。

▲高倉休憩所はショコロンファームという栗農園に隣接し、古民家ホテルもある

▼恋瀬川サイクリングロードに突然現れる坂道

10時半。あんまりのんびりしすぎると、峠の途中でお腹が空いてきそうだ。

## 賑わいの余韻残す町並み

県道に乗ったところの地名を柿岡《かきおか》という。かつては新治《にいはり》郡柿岡町といったこの場所は、その後八郷町となり、今は石岡市柿岡だ。

この柿岡の町並みがよかった。とくに左からＹ字に土浦笠間線が合流してくるところからしばらくの間は、かつて賑わったであろう小ぶりな町の雰囲気を残し、なかなか素敵だ。スーパーも和菓子屋も時計店も仕出し屋も、まだ人が暮らしている気配を保ちながら静かにたたずんでいる。

地方でときどき見かける、若者が都会に行ってしまってシャッターが閉じたままの町とは異なる、好感の持てる町だった。グーグルのストリートビューだけでも、少しは味わってもらえるかもしれない。

柿岡を出外れると県道はフルーツラインと交差し、そのまま恋瀬川支流の小川へと少し下る。下りのスピードで素通りしそうになったが右から新しい道が交差してきて、左は工事中の看板が立っている。ナガタ君が「あ、トンネル」と気がつくのとほぼ同時に、入口に立っていた警備の女性が「はい、トンネル工事中です」と教えてくれた。通り過ぎる自転車乗りのつぶやきにリアクションしてくれたお姉さん、ありがとう。

今から越える上曽峠は標高３０９ｍの小さな峠だが、その下に２㎞ものトンネルを掘っているのだという。トンネルができれば旧道はクルマが来なくなって自転車天国になるから喜びたいところだが、旧道をそのまま整備してくれるか、そうでなく通行止めにして廃道化してしまうかはわからない。僕らは少し複雑な気持ちになったが、下りの勢いのまま次の上曽の町並みに入っていった。

この上曽もよかった。先ほどの柿岡よりずっと小さな集落で、お店もほとんど見当たらない。たった３００ｍほどの短い区間、しかもまっすぐに等高線を横切っていく上り坂なのだが、山に向かっていく感じがとてもいい。道の左手に小さなお稲荷さんを見つけて、僕はナガタ君を呼び止めて休憩することにした。

そこは一言《ひとこと》稲荷神社といった。小さな神社だがキレイに保たれている。近所の人が大切にしているのだろ

恋瀬川サイクリングロードには筑波山を横に見る区間もある

う。ひと息入れて上曽峠への上りにかかろう。そろそろ11時、峠を越えたらちょうどお昼時になりそうだ。

何軒かの果樹園を過ぎて道がうねり始めると、トンネル工事だろうか、重機の音が聞こえてくる。すぐにナガタ君は見えなくなった。まあよい、この上りは5万分の1地形図で8㎝くらいだから、4㎞ほどだ。こんな坂、歩いたって1時間だ。

勾配はそれほどでもないが、日ごろの不摂生がたたってか、ギヤは一気にローになっている。ヨロヨロ走りたいところだが、下ってくるクルマがなかなか多くてそうさせてくれない。ギリギリ2車線ほどでセンターラインもない道幅なので、対向車とのすれ違い時にあまりフラフラ走るわけにもいかないのだ。

けっこう大きなクルマも下ってくる。県外ナンバーどころか北海道のトラックも走ってきたりして、なるほどこれがトンネルを掘る理由か。トラックは大洗《おおあらい》からフェリーに乗って苫小牧《とまこまい》に向かうのだろうか？

わざわざこんな峠を越えなくても、とは思う。少し南に行けば筑波山は迂回できるし、少し北なら北関東自動車道があるじゃないか。あれを使えば大洗までまっすぐじゃないのか？　でも高速料金やガソリン代がもし自腹なら、最短距離を狙うのが個人事業主というものかもしれない。

　東筑波ユートピア分岐を過ぎると勾配は緩んで、やがてナガタ君の待つ上曽峠に着いた。峠を示す標識はなにもなく、左右に「林道北筑波稜線」という道が伸びているだけだ。

　あたりは植林に囲まれ、おかげでナガタ君の見込み通り風に悩まされることはなかったが、景色はパッとしない。上着を着込んで、そそくさと真壁へ下りることにした。

　真壁への下りは直線的で、ぐんぐんスピードが出ていく。スマホで記録しているＳｔｒａｖａ（アプリ）によれば時速40kmを超えていた。あっという間に真壁の町に下り着く。

　茨城県桜川市真壁には、戦国時代から江戸時代にかけて作られた古い町並みが残っている。「真壁のあらまし」によれば、「明治末期以降、全国一の規模を持つ石材業を中心に、江戸時代初期から続く城下町を中心とした商業、そして、安定した気候と豊かな水源に支えられた農業が、町の人々の暮らしを培ってきました」とある。

　そして、「秀吉、家康に重用された浅野長政が真壁藩主となり、城下町の整備を推し進め（中略）真壁城は廃城となり、政治の中心も市街地中央の陣屋に移り」、４００年前にほぼ完成された町並みができあがった。

　町内を代表する建物は「見世蔵《みせぐら》」だ。「真壁のあらまし」によれば「通りに沿って間取りを広く取り、家の前に更に柱を出して庇《ひさし》をかけ、家の前の『見世』部分を建物内部に取り込んだ商家の作り」だ。「母屋は新しいものに建て替えていても、門だけは昔のものを残している家が非常に多く見られます」（「真壁のあらまし」）。

　５万分の１地形図「真壁」のなかで、真壁の「町」と言えるのは東西南北それぞれ２cmほど、つまり１kmの範囲内にほぼ収まる。自転車で走れば５分か10分のうちに、大まかに言って真壁のほとんどを目にすることができるのだ。

　よくある観光地のように一般車両通行止めになっているわけではない、普通の人が普通に暮らすエリアなので、自転車も大手を振ってウロウロできる。城下町らしく、道は屈曲を重ねたりT字路になっていたりし

真壁の町並み。クルマの通行は少なく、のんびりポタリングが楽しめる

て敵の襲来を防いでいるが、それもまたサイクリングなら楽しい。

これらの町並みが残った大きな理由は、やはり先の大戦で燃やされなかったからだ。真壁伝承館を訪れて学んだことのうち、僕にとって最も大きな知見はそれだった。戦争が起きると、人の命ばかりではなく、大切な資料も文化財も、歴史的な建築物も根こそぎ失われてしまう。それは関東大震災も同じことだったはずだが、真壁の町並みはそれらの荒波を越えて生き延びてくれた。

## 廃線跡は「りんりんロード」へ

平日の観光地はなかなか手強い。なぜなら、昼食を摂る食堂やカフェが開いていないことがあるのだ。この日もそうだった。機動性の高い自転車という乗り物を使えば、ちょっと走れば幹線道路沿いにコンビニならありそうだが、できれば僕は町なかのどこかのお店で食事を摂りたかった。たいした理由はないのだが、できればそうしたい。ナガタ君と僕はそうして町なかをさらにウロウロするはめになった。

やはり開いていない。探しかたが悪いのかもしれないけれど、和菓子屋さんくらいしか見当たらない。結局、「前もここしか開いていなかった」とナガタ君が言うお店に行くことになった。旧筑波鉄道真壁駅前の「たかはし」だ。

天ぷらそば370円に肉入りおにぎり140円。おにぎりは鶏肉の炊き込みご飯だ。先客の地元のお母さんとお店のおかみさんの話を聞きながらおにぎりをほおばり、そばが茹であがるのを待った。

そこに駆け込んできた近所の人。誰かが亡くなったようでご飯どころではなく、「おにぎり全部ちょうだい」。といっても平日の店頭にそれほどの在庫はなく、おかみさんは「30分で炊くから」とあわてていた。

お店の場所は以前ならまさに駅前だったはずで、距離にして20m、列車が来てから走っていっても間にあうような距離だ。ところが。筑波鉄道が廃線になってもう30年以上が経つと、店内の会話も「駅のそば」とか「線路のわき」ではなく「りんりんロードのすぐ横の」になっていて、僕らサイクリストは顔を見合わせてニヤリとした。へぇ、そう呼ぶんだね。

さて、お昼ご飯が終わればいよいよメインディッシュ、つくばりんりんロードだ。近年では霞ヶ浦一周と合わせて「つくば霞ヶ浦りんりんロード」という名前が与えられているらしいが、僕的にはりんりんロードはあくまで筑波鉄道跡にできたサイクリングロードだ。霞ヶ浦一周と合わせて総延長180㎞という距離は素晴らしいのかもしれないが、それほど長い距離を走ることができるなら、もっと日本中のいろいろなところを走ったほうが楽しい、というのが僕の正直な意見だ。

もっとも、ナガタ君の意見は少々異なる。今朝ほど走った恋瀬川サイクリングロード、あの地味な道路こそこの「つくば霞ヶ浦〜」の仲間に入れてもらい、整備されてほしいというのだ。「恋瀬川を加えれば筑波山をぐるりと回ってサイクリングできるから、距離だけじゃなく、高低差を含んでダイナミックなコースになる」というのが彼の言いぶんだ。

と言いながらもりんりんロードを走り始めた僕らは少し安心していた。鉄道跡の道は基本的に平らで上り下りが少なく(一般的には屈曲すらない)、ゴールの土浦駅まで残り30㎞は、楽に辿り着くはずだからだ。

予定が違ったのは、風だ。ナガタ君のプランによればりんりんロードに出てからは北風が追い風になる予

▲旧筑波鉄道真壁駅跡からつくばりんりんロードに入る

▼つくばりんりんロードの桜並木。満開のときに一度走ってみたい

定だったが、風は西から吹いている。横風だ。しかもかなり強い。「話が違うよ」とナガタ君と笑ってしまう。

向かい風ならともかく、横風は助け合うのが難しい。向かい風は先頭を交替することで後ろの人は少し休めるし、また交替すればいい。横風のときは斜め前を走れば少し風の抵抗を軽減できるけど2列走行になりそうだし、選手みたいにはうまく走れない。

つくば霞ヶ浦りんりんロードはナショナルサイクルルートという、国土交通省が音頭を取るプロジェクトに認定されていて、そのおかげか随所に案内標識が完備されている。しまなみ海道もそうだったが、ほぼ1kmごとに看板があるので地図はおろかサイクルコンピュータもいらないくらいだ。ぜいたくなもので、たくさんあると今度はジャマに見えてきて困ってしまう。

りんりんロードは県道つくば益子線に合流するような形で消滅してしまった。地図でいうと上大島のあたりだ。雰囲気としては斜めに道路を渡り、りんりんロードの延長方向に見えている車道を走ればよさそうだが、案内の類いが見当たらない。まぁいいか、上大島の渋い町並みを楽しむ。

結局、上大島郵便局とコンビニがあるあたりで少し右へ走ってりんりんロードに復帰した。まもなく旧筑波駅跡、今も筑波山口のバスターミナルとして使われている建物だ。「関東鉄道つくば北営業所」としてウィキペディアにも載っている。

おそらく駅のホームだった場所をそのまま休憩所にしている感じで、自転車で走り込んでいくと雰囲気はそのままだ。トイレ等もあるが、周辺のお店はもう、ない。駅前通りはそのまま筑波山に向かっていく上り坂だが、今日はもう上らなくていいや。

少し行くと「りんりんロード桜並木発祥の地」の石碑が建っていた。「リンリン道路さくらの会」が「全線40余キロの壮大な桜並木を計画しその趣意と決意を録し」建てた碑だ。その決意の通り、沿道にはかなりの距離にわたって桜の木が植えられている。シーズンになればそれは壮大な桜並木が出現するはずで、そこに徒歩と自転車でのみアクセス可能というのも素敵だ。

地形図は「土浦」図幅に移っていよいよ終盤に差しかかった。りんりんロードが集落のそばを通るとき、おそらくそこには筑波鉄道の小さな駅があったはずだ。集落と駅はかつて密接につながっていて、みんながクルマで移動するようになって忘れ去られているだけだ。それらの駅ひとつひとつを、看板だけでもいいから教えてほしい。サイクリストはみな旅人。ただ通り過ぎるだけでなく、そこに人の暮らしがあったと思うことが、その日の走りにひとつの記憶を残してくれるのではないか。もちろん、ほとんどの駅の跡地にはベンチなどなにかが作られているけれど、「○○駅跡」と書いてあることが少ない。僕にはそれが寂しい。

常陸《ひたち》小田《おだ》駅跡にある小田の休憩所を過ぎると、りんりんロードは大きく右に曲がって小田城の跡を迂回していく。このカーブは鉄道としてはあまりに急なのでちょっと調べてみると、筑波鉄道はもともとこの城跡を直線的に横切っていた。それが廃線後、りんりんロード整備の際に西から南へと迂回するようにルートが変更されたようだ。

この小田城は鎌倉時代から戦国時代にかけて常陸国に勢力を持っていた小田氏の居城で、最近になって発掘調査と整備が行われ、「小田城跡歴史ひろば」として公開されている。ここにはトイレもあるので小休止とし、真壁城は寄らなかったのにこの小田城はちょっと寄ってみることにした。

りんりんロードが右にそれていくところにバイクラックがあってそこに自転車を置き、まっすぐ進むとトイレがあってその先が城跡だ。考えてみるとこのトイレはかつての線路の切り通し部分に作られていて、その点、少し胸がキュンとする。列車になった気分で切り通しを抜けると小田城跡だ。

広場のようなスペースにところどころ説明板が建っていて、女性が犬を遊ばせていた。犬は思い切り走り回ることができて楽しそうだ。堀や土塁、池などのほかに建物まで復元しているわけではないので、戦国時代最後の小田城を体感、と言われても正直ピンと来ない。城跡が復元されたらしき広場、といささか不謹慎な感想を持って自転車に戻った。小田城跡歴史ひろば案内所というのが少し手前にあったと知るのは後日の話である。

常磐自動車道と国道６号線をくぐると次に交差するのは国道１２５号線で、ここは信号なので止まって渡る。ＪＣＯＭや吉野家などが見えてきて、いよいよ土浦市街だ。土浦駅まではあと２・４㎞と書いてある。

この先もまだりんりんロードは続いているのだが、霞ヶ浦に注ぎ込む小さな川沿いに出るともうどこを走

つくばりんりんロードを走って土浦港に出る。水辺に辿り着くエンディングが好きだ

っても土浦駅には辿り着くので、あまり悩まないほうがいい。もともとの線路の終点は土浦駅の西口に出ていたようだが、ナガタ君の先導で僕らは土浦港まで出て、駅の東口へと辿り着いた。

自転車を分解する場所を探して土浦駅の駅舎に走り込むと、なんとそこにはサイクルステーションの看板があるではないか。自動ドアを入ると雨風をしのげるどころかバイクラックにコインロッカー、水道、更衣室まである。いや〜、りんりんロードすごい。ナガタ君と「ここに泊まりたい」なんて言いながら、自転車を輪行袋に収めた。

サイクルステーションの横にはエレベーターがあって、ありがたく利用して改札階へ。コンコースにも自転車組み立てスペースとバイクラックがあってまたびっくり。土浦駅すごすぎ。そのそばにはテレワーク用の個室ブースがあって、サイクリング×ワーケーションと書いてある。ここでちょっと仕事してあとはサイクリングというわけだ。

いやはや、ここはどこまでサイクリストフレンドリーなのか、駅前の居酒屋にも大きな期待を抱きつつ、僕らはまた外に出て行った。

【行程】JR常磐線高浜駅－恋瀬川サイクリングロード－高倉－柿岡－上曽峠－真壁－つくばりんりんロード－旧筑波駅跡－小田城跡－JR常磐線土浦駅

【走行距離】64km

【アクセス】往路は上野から常磐線で高浜まで約1時間20分。土浦乗り換えあるいは品川始発（東京・上野経由）の列車もある。復路も常磐線で、土浦から上野までは1時間ほどだ。

【利用地形図】国土地理院発行5万分の1地形図「玉造」「石岡」「真壁」「土浦」

【アドバイス】恋瀬川サイクリングロード単体だと往復コースだが、つくばりんりんロードの北側の起点につなげて、JR水戸線の岩瀬駅から全コースを走れば80kmほどになり、輪行でのアプローチが可能な好ルートだ。勾配としては、岩瀬から土浦へと南下したほうがわずかだが下り基調となる。

輪行サイクリングの知識と基礎 9

# 折りたたみ小径車の輪行

折りたたみ小径車はどれも個性的だ。メーカーごとにそれぞれ独自の折りたたみ方法を編み出し、製品化しているので、専門店でそれらを吟味するのも楽しい。

しかし、どの折りたたみ小径車もさすがに車輪はたためないため、車輪の外径くらいまで小さくたたむのが目標になっている。駅前でランドナーを輪行していると、後から来た折りたたみ小径車が瞬時に輪行をすませて前をスタスタ歩いていくのも見慣れた光景だ。

ここでは市販スーツケースに収納することができるというカラクル－Sスポーツを使って、輪行というか「折りたたみ」作業を実演した。メーカーの謳い文句通り10秒でたためる性能は本当に驚異的である。

カラクル-Sスポーツ
（テック・ワン）
3辺合計158cm未満の市販スーツケースに入る超軽量折りたたみ小径車
https://www.caracle.co.jp

# 折りたたみ小径車の輪行手順

### ペダルを外す
ワンタッチで取り外せる形式のペダル（オプション）が取りつけられているのでそれを外す（左右とも）

### ハンドル部を折り曲げる①
ハンドルステムのつけ根にあるクイックレバーを開き、この部分の固定を解く

### ハンドル部を折り曲げる②
ハンドル部を車体右側に曲げる。正確な位置に曲げないと、きれいに収納できない

### フレーム後半部の固定を解除する①
クイックレバーで後輪および自転車後半部とシートピラーの固定を解除する

### フレーム後半部の固定を解除する②
サドルを持ち上げて、サイドスタンドを上げ、自転車後半部を下方向にスイングさせる

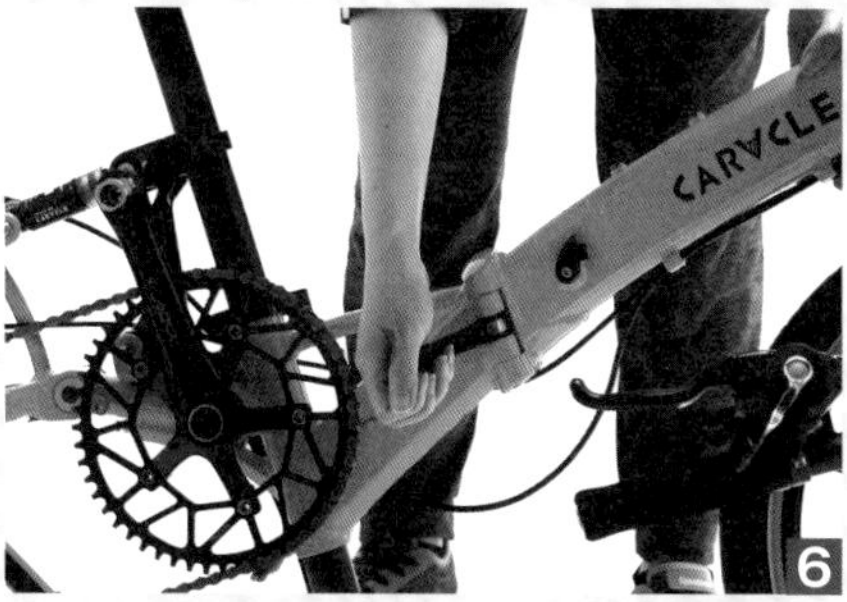


### フレームをたたむ①
フレーム中央部にあるクイックレバーを開き、固定を解く

**フレームをたたむ②**
自転車前半部を右に曲げる。4～7の動作は連続して行われる

**シートピラーを下げる**
クイックレバーを緩めてシートピラーを下げ、下側を接地させる

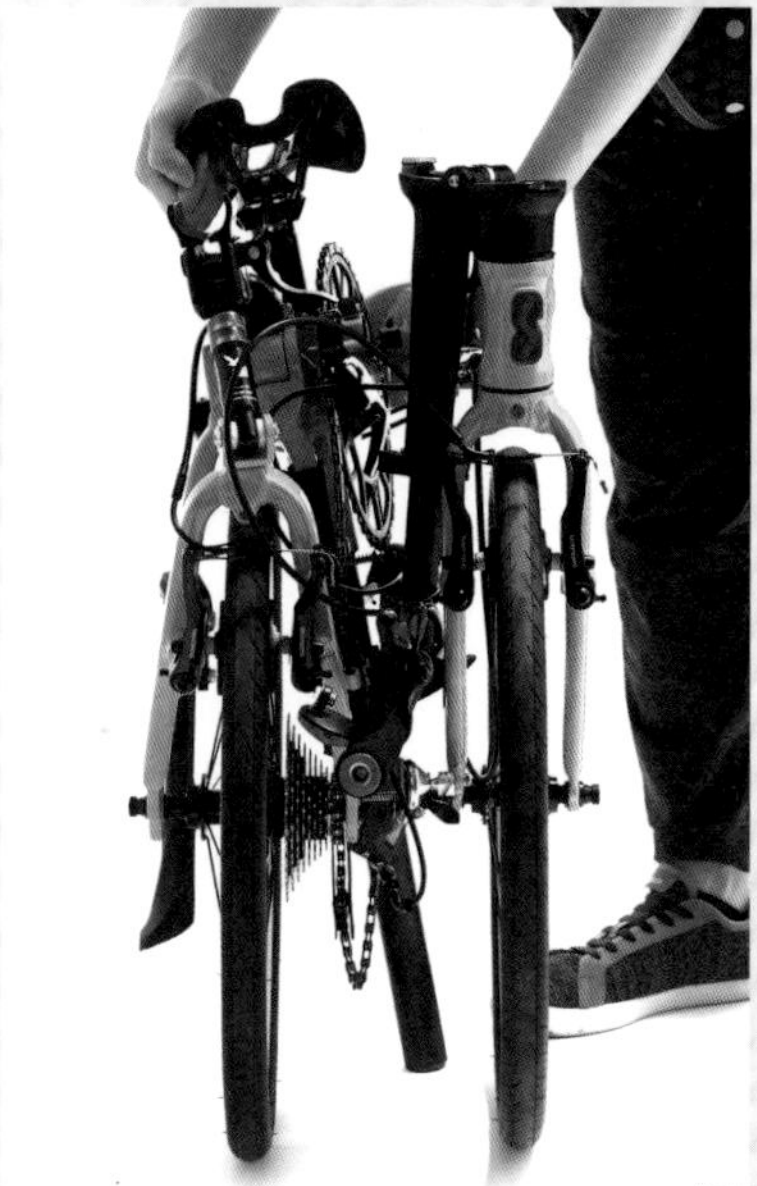


**折りたたみ完了②**
折りたたみ完了後、横から見た状態。ハンドルなどが無駄なく隙間に入っている

**折りたたみ完了①**
折りたたみが完了した状態。両輪とシートピラーで接地し、自立する

国道138号線を離れ仙石原へ
向かうところの紅葉（11月上旬）

輪行サイクリングの旅

7

# はこね金太郎ラインから大観山

名うてのダートコースも今は昔。
全線舗装路として2021年に開通した最新ドライブウェイを抜けて、
一大観光地・箱根、そして湯河原へ

〈行程〉
JR御殿場線松田駅－はこね金太郎ライン－仙石原－芦ノ湖－大観山－湯河原温泉－JR東海道本線湯河原駅

〈走行距離〉
62km

はこね金太郎ラインは2021（令和3）年に開通した道路で、関東周辺のドライブウェイとしては最新作といえる存在だ。

足柄《あしがら》山の金太郎で知られる足柄峠は、静岡県御殿場《ごてんば》市と神奈川県小田原市の北に位置する大井町を結ぶ県道御殿場大井線の途中にあり、金時《きんとき》山から北に伸びる尾根を越えている。

この道から分岐して金時山東方の尾根をトンネルで越え、箱根仙石原《せんごくはら》へとショートカットするのがはこね金太郎ラインだ。つまり、小田原から国道1号線を延々と走ったり（往々にして交通量がはなはだ多い）、御殿場まで来てから乙女《おとめ》峠を越えて箱根に辿り着くよりも、ずっと手短かに箱根のフトコロに飛び込むことができるのだ。

ここはかつて明神《みょうじん》林道として「パノラマルート、金時山を巡る峠と林道（雑誌『ニューサイクリング』1985〔昭和60〕年2月号）」などで紹介され、ダート好きの自転車乗りに知られていた道だ。その当時はもちろんすべて砂利道で、写真のキャプションに「轍《わだち》が深くて苦労する」なんて書かれていた。

その後、風の便りで神奈川県の林道は一般車両通行止めだらけだとか、ゲートを乗り越えて通行したなどの話を聞いたりはしたが、この林道を走らなければならない理由もなく、そのままにしていたというのが実情だ。そしていつの間にか全線舗装になっていた。

はこね金太郎ラインとして開通の報を聞き、あらためて最新の電子地図と古い地形図を照合してみたが、経路に大きな違いはなく、矢倉沢側の前半部分だけは別の林道を接続して開通したように見える。そして、ご多分に漏れず枝線にあたる周辺の林道には強固なゲートが設けられ、オフロードバイクや4WD車、そして一部の自転車乗りのような、悪路走行を楽しみにする人々を遠ざけているようだ。

## ロマンスカー輪行での失敗

今回は小田急線の新松田駅を起点にこのはこね金太郎ラインを上り、箱根仙石原に下って芦ノ湖沿いを走って、もう一度外輪山である大観《たいかん》山へ上って椿ラインを下るというプランを考えてみた。標高差は1300mくらいあるが、最後は湯河原温泉で〆るので疲れはその日のうちにとれるのではないかと楽観視。そうは

ロマンスカー「ふじさん」1号を松田で下車。輪行袋は5号車に置かせてもらった

言っても走行距離は65㎞くらいしかない。

小田急のロマンスカーには、JR御殿場線に乗り入れて新宿駅から御殿場駅まで走る「ふじさん」という列車がある。かつては「あさぎり」という名前だったが、いつの間にか変わっていた。今日はそれに乗ってみる。

ロマンスカーはインターネット上で予約できるから、「明日は晴れそうだ」と確信が持てる日を待ってクレジットカードで購入。「ふじさん」1号、6時40分発だ。空席照会すると対象の下車駅が小田急線の「新松田」じゃなくJRの「松田」だったのが少し引っかかったが、もともと歩いて乗り換えできる距離だからと気にしなかった。

予約の際はいつも通り、各車両進行方向最後尾の座席をとってその席の後ろのスペースに輪行袋を置くのをデフォルトにしている。新宿駅のホームは構造上、たぶん最後尾が改札口に近いだろうから後ろの6号車を予約。さらに座席も一番後ろを選んだのだが、ここでシートマップの「乗降口」をよく見ていなかったのが敗因となった。

6号車の乗降口は前方にのみあって、輪行袋を持って乗り込むと通路を最後尾の座席まで歩かなければならなかったのだ。これは失敗。やむなく輪行袋は5号車の最後尾座席の後ろに置かせてもらい、僕は予約した席に座ることになった。

車内アナウンスを聞いていると、この列車は秦野《はだの》を過ぎると松田に止まり、そこからはJR御殿場線に入ることがわかった。あらかじめ地図を見ればわかりそうなことだが、列車は小田急線新松田駅を過ぎてから御殿場線に入るのではなく、その手前で御殿場線に入ってJR松田駅に止まるのだった。だから僕が降りなきゃいけないのはJR松田駅だ。

ところが、予約完了のプリントアウトを見せるだけでロマンスカーに乗ってしまった僕は最初からパスモだけで来ている。たしか松田駅はJR東海で、あそこで使われているのはトイカだ。あらどうしましょう、と検札に来た車掌に尋ねると、大丈夫、松田駅でそう申し出て下さいとのこと。よかった、松田が有人駅で。

松田駅で列車を降りると、先刻の車掌もJRの人に交代していた。改札でパスモを出して聞いてみる。精算は小田急線新松田駅で下車という処理をするんだそうだ。少しホッとして、日当たりのいいところで自転車を組み立てる。ふと見ると富士山が間近に大きい。そりゃそうだ、今日一日、しっかり見えるといいな。

時間に余裕があるので、どこかで朝ご飯をと思っていた。新松田駅に箱根そばがあったので、かき揚げそば470円を食す。朝8時過ぎ、出勤前に食べていく人が多い。

## 整備されたはこね金太郎ライン

走り出してすぐ、酒匂川《さかわ》を足柄大橋で渡る。足柄山の金太郎がクマにまたがっている像が載っている。こんなときにサッと止まってカメラを構えることができるのも自転車の気楽なところだ。富士山には数日前にちょっと降った雪が、シュガーパウダーを振りかけたように見えていた。

大雄山駅の手前で右折して御殿場方面に向かうと、はこね金太郎ラインの上り口まで一本道だ。松田駅から距離は10㎞少々なのだが標高差で300mほど上るので、平均勾配は3%。とくに後半になるに従ってじわじわと坂らしくなってくる。

左下の狩《かり》川が近くに見え始め、それを渡る石の橋が

▲狩川を渡る橋を見下ろす。こんなところをぶらぶらするサイクリングもいい

▼はこね金太郎ラインの入口。起点と書かれた斧の形の標識が見える

フォトジェニックでつい足を止める。関場《せきば》のあたりは集落を縫う道の散歩だけでも楽しそうだ。

1回、2回と道が大きくうねると、その先がはこね金太郎ラインの入口だった。山岳道路らしく「連続雨量150㎜時間雨量50㎜で通行止」との看板が出ている。道標は「芦ノ湖　仙石原」を示している。

金太郎の持つマサカリになぞらえて斧《おの》の形の距離標識が「起点　国道138号（箱根町）まで11㎞」と教えてくれる。これはこの先1㎞ごとにずっと立っているから、それが励みになるか絶望するかはアナタ次第だ。

上り口でキュッと標高を上げてからは小尾根のすぐ左脇をからむ感じで進み、「頼朝のひじ松」の祠を過ぎるとすぐに右から、地蔵堂からの道が合流する。次いで左に回り込んで沢に近づいていくと、下から昔の明神林道が合流してくる。ここは屈強なゲートで閉じられている。

はこね金太郎ラインはとてもキレイに整備されていて、1970年代にはダートだった道を改修したような痕跡はほとんど見つけられない。ただ、ときおり木に打ちつけてある「火気に注意」の纏《まとい》を持ったリスの看板、「まといリス」という呼称が与えられているらしいが、そいつの傷み具合を見ると、やはりここは古い林道だったのだと思う。

そして道は上り一方ではなく、ときどきだけどつかの間、下り坂になる区間がある。血気盛んなサイクリストならここでギヤをアップして加速するところだが、僕などはここぞとばかりペダリングを止めて休む。レースではないので当然である。そしてすぐにまた上りになるから、またノロノロとペダリングを続けるのだ。そんな、不思議に下りになる区間は、もしかしたら地形的に土砂崩れなどが起きて、元とは異なる位置に道路をつけ直したのかもしれなかった。

うねうねと上りながら北方に目をやると、丹沢方面の山が見えている。正面にはたまに金時山がかっこいい山容を見せてくれる。紅葉にはちょっと早かったか。どんぴしゃで紅葉真っ盛りにぶつかるのはなかなか難しいのだ。

道の左手に足柄・桧山《ひやま》水源林の碑が建っていた。これ幸いと休憩にする。この山域は林野庁によって水源の森百選のひとつに選ばれているのだそうだ。そうですか、とその場でスマホを使って百選のリストを見

▲はこね金太郎ラインの上り、頂上付近

▼最高地点の標高850m付近にある金時隧道

てみたが、日本中の有名な水源林が全部選ばれているのかどうなのか、僕にはいまいち判断がつかなかった。こういうのって、いったいどんな基準で決められたのだろうか？

起点から6㎞を過ぎたあたりでもう1本の林道、桧山林道が分岐していた。こちらも車両にとってはがっちりしたゲートが閉まっているが、轍が残っているので林業関係者は通行しているのだろう。電子地図上は行き止まりなのだがグーグルマップでは通り抜けている感じに描かれていて、どうやら11㎞ほどもダートが楽しめるみたいだ。ただし、繰り返すがゲートは閉じている。

空が開けてきて、そこそこ標高が高いところに来た雰囲気になり、木々が色づき始めた。そろそろ金時隧道だ。起点からの距離看板としては8㎞を過ぎて8・5㎞くらいなのかな。時刻は11時だ。

隧道手前には金時見晴パーキングという駐車スペースがあって、ここにクルマを置けば金時山まで最短距離でピストンが可能だ。というわけで平日にもかかわらず駐車場はいっぱいで、駐車スペースではないところに駐めているクルマも何台かある。

登山口の駐車場は、普通に考えて下山してくるまでスペースが空くことはないから、見るからにここは満杯だ。あまりこういうところに長居する趣味はないので、何枚か写真を撮ってすぐトンネルをくぐった。333mのトンネルを抜けると仙石原へはたった2㎞ほどだから、あっという間だ。

下り始めてすぐに仙石原が見渡せるが、道幅と交通量がシャッターチャンスを許さない。諦めて国道138号線まで出て、左へ。瞬く間に交通量が激増し、排気ガスを味わうサイクリングとなる。静けさを愛するサイクルツーリストのメンタルは青菜に塩だ。いや、ナメクジに塩か。

## 大観光地・箱根

ここからしばらくはまごうかたなき観光地・箱根なので、昼食に困ることはあるまい。そう思って下調べせずに来たのだが、これはこれで難しかった。時間はまだ11時過ぎで、お昼前にご飯を食べておこうくらいに思っていたが、そんなに甘いものじゃなかった。

人が並んでいるのだ。

▲箱根・仙石原のススキの原はなかなか広大

▼ザ・プリンス箱根芦ノ湖付近を走る。公道だがまるでホテルの敷地内のよう

そうか、ここではお昼ご飯は並んで食べるのか。

どうも僕は、並んでまで食べる食欲か気力がなく、かといってコンビニですますのも楽しくなかった。仙石原で見事なススキの草原を愛でながら、自分に問いかけていた。じゃあ、なにが食べたいんだ。これでは空いている店で食べることになるから、美味しくない店で食べるのと同義なんじゃないのか？　結局、僕はそばを食べた。

仙石原から芦ノ湖へは地形的にひと上りあって、下ったところが桃源台駅、ロープウェイの駅があるところだ。このあたりから始まる芦ノ湖湖岸の遊歩道が、遊歩道なのに自転車通行可であると聞いていたのでそれを探す。名前を「箱根九頭龍《くずりゅう》の森セラピーロード」という。

唐突に、面食らうくらいに静かになった道を走っていく。明らかに遊歩道であるこの道が自転車通行可なのは、サイクリストがじゃんじゃか走ることを想定しているわけではなく、レンタサイクルでここを楽しんでもらうことを期待してのものだろう。

湖畔の道は地形に合わせてアップダウンがあり、僕はフロントのギヤをインナーに落とす。アウターのまま力任せに上れないこともないが、そんなふうに走る道ではない。ときおりすれ違うレンタサイクルは、なるほど電動アシスト自転車なのだった。

芦ノ湖の水面をすぐ脇に見て、距離は３㎞くらいの区間だろうか、歩くとそれなりの距離だし、しかも往復になってしまうのだが、自転車で通り抜けるのは爽快だった。駒ヶ岳ロープウェーの駅に出る手前、「ザ・プリンス箱根芦ノ湖」の横に出て、なんだか得をしたような気持ちで車道に戻った。

しばらくは広いホテルの敷地のなかを走っているような、植栽も手入れの行き届いたエリアを走っていくが、まぁこれが観光地というものだろう。ちょっと通りすがりの者なので、という雰囲気を醸しだしつつ通過する。途中、道路を横断する人がたくさんいる地点があって、なにかと振り返るとそこが箱根神社だった。ああ、僕はやっぱり観光地に向いていない。

国道1号線に出るとそこは何度か走ったことのある道で、さらに諦めて先を急ぐ。彼女や家族とクルマで来たなら、間違いなくどこかに寄って写真を撮り、ご飯を食べ、お土産を買う場所に違いないのだが、今日の僕は場違い感にあふれて、静かな道を求めていた。

輪行サイクリングの旅⑦

はこね金太郎ラインから大観山

▲大観山展望台、アネスト岩田スカイラウンジからの富士山

▼椿ラインの下り。前方に見えているのは地図によれば箱根受信所。立ち入り禁止だ

13時、箱根関所南の交差点を左折。道路標識には大観山そして湯河原と書かれている。大観山は湯河原から上ると標高差はほぼ1000mあって大変キツいが、僕はここを下るのが好きだ。まぁ、こちら側からも300m近く上るのだが、平地にくらべれば上り坂では相対的に僕のそばを通過するクルマの数が減るので、それほどイヤではない。

坂道を上っていくと、今朝あれほどくっきり見えていた富士山が見えない。いや、見えるのだが山頂付近は雲に隠れ、まだ陽が高いのでくっきり見えないのだ。なんということだ。富士山を見るために天気を選んで出かけてきたというのに。

自動車専用道である箱根ターンパイクと、湯河原に下る椿ラインの分岐にある「アネスト岩田スカイラウンジ」に立ち寄る。コーヒーを飲んで少し時間を稼ぎ、富士山の出待ちをしようという魂胆だ。しかし30分経っても雲はどいてくれない。僕は諦めて手持ちの防寒具をフル装備し、18㎞のダウンヒルへと向かった。

海へと下りていくダウンヒルが好きだ。この道は勾配がほどよく立っているのでペダルを漕ぐ必要がまったくなく、スピードコントロールとコーナーリングに集中できる。軽快に下っていたら後ろにクルマが1台来ていた。短い直線で先に行かせると、オッと思うくらいのスピードで去っていく。かなりの手練《てだ》れだな。

今日は湯河原温泉に入って帰るつもりで、手ぬぐいを用意してきた。ここの日帰り入浴はどこも少しお高めの価格設定らしく、素直にツーリングマップルに書いてあった「こごめの湯」に立ち寄る。大人1100円だ。

ゆっくりとお湯に浸かり、ストレッチなどもして、風呂を出た。すぐに服を着込むと暑い。でもまだ駅まで3㎞ほどあるため、薄着で下ったら湯冷めすること必定である。そこで休憩室で少しだけ身体を冷ましてからやっぱりちゃんとフル装備に着込み、駅へと下る。駅のそばに入浴施設があればこんな苦労はないのだが、それはぜいたくというものだろう。

湯河原駅、16時過ぎ。まだ開いていないと思っていた駅前の居酒屋が煌々と明かりを灯している。僕は手早く愛車を輪行し、駅の時刻表を確かめた。上野東京ラインで、乗り換えなしで帰ることができる。素晴らしいエンディング。僕はスキップしながら「さかなや道場」へと向かっていった。

【行程】JR御殿場線松田駅－はこね金太郎ライン－仙石原－芦ノ湖－大観山－湯河原温泉－JR東海道本線湯河原駅

【走行距離】62km

【アクセス】小田急線の特急「ふじさん」号を利用すれば、新宿から松田まで約1時間。復路は湯河原から上野東京ラインが東京（約1時間50分）、上野を経て東北本線や高崎線まで直通している。

【利用地形図】国土地理院発行5万分の1地形図「秦野」「小田原」「御殿場」「熱海」

【アドバイス】箱根に着くともうそこは標高600mを超える。箱根峠が830mで、そこから小田原へも三島へもほぼ下り一方なので、無理せず帰ってもいい。元気があれば伊豆スカイライン方面は熱海峠までは自転車が通行可能なので、そちらまで走って西（三島）や東（熱海）へと下るのも楽しい。

輪行サイクリングの知識と基礎 ⑩

# 輪行袋を活用する

## さまざまな輪行袋

自転車店の店頭にはさまざまな輪行袋が並べられている。ここでは代表的なメーカーであるアズマ産業「オーストリッチ」の製品を例に、その違いと選びかたを書いておこう。なお、価格等は執筆時点のものだ。

### ベーシックタイプ
オーストリッチ・L-100輪行袋

自転車を収納した状態で縦のほうが横よりも長い寸法になる、「縦型」と呼ばれる輪行袋の基本タイプだ。

地面に接する部分は前後の車輪とサドル、後ろの変速機になる。とくに変速機にトラブルが起きては困るので、この部分を浮かせておくための「エンド金具」を併用するのが一般的だ。

輪行袋のなかには縦型のほかに横型もあり、一般的には前後の車輪とサドル、ハンドル部を接地させて収納する。オーストリッチにはこの横型の袋が少ないが、縦型のものでも固定方法次第では横型になる。

袋は巾着状になっているので、なかへ入れるには袋を広げて底面が見える状態にし、分解した自転車をいったん持ち上げて袋の底面に置き、たくし上げて袋に収める。

巾着状の収納が面倒に思える人はジッパー式でフルオープンする輪行袋を選ぶとよいだろう。

### 軽量タイプ
オーストリッチ・SL-100輪行袋

薄手のナイロン素材で作られている縦型の輪行袋。自転車を収納する際に利用するストラップも薄手の素材が選ばれ、全体としてかなりの軽量化が果たされている。

輪行袋そのものは、走行中にはまったく不要な道具なので、軽ければ軽いほどいいと僕は思う。しかし、強度が不安という

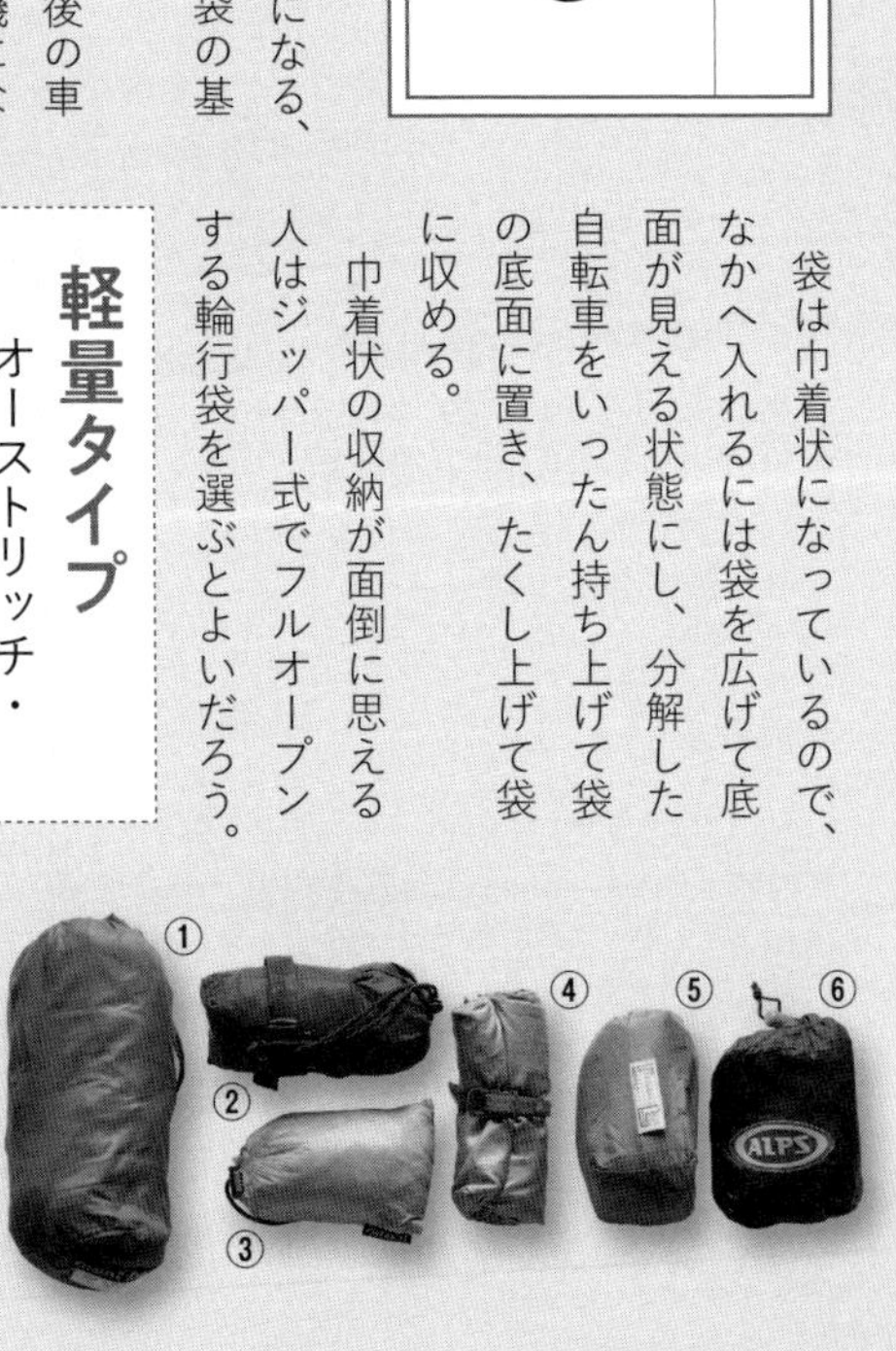


僕の軽量輪行袋コレクション
①モンベル・ウルトラライトリンコウシート　②オオマエジムショ・SL-100S輪行袋　③オーストリッチ・ウルトラSL-100輪行袋　④原サイクル・オリジナルポケッタブル輪行袋　⑤山岳サイクリング研究会・オリジナル輪行袋　⑥アルプス・ウルトラライト輪行バッグ

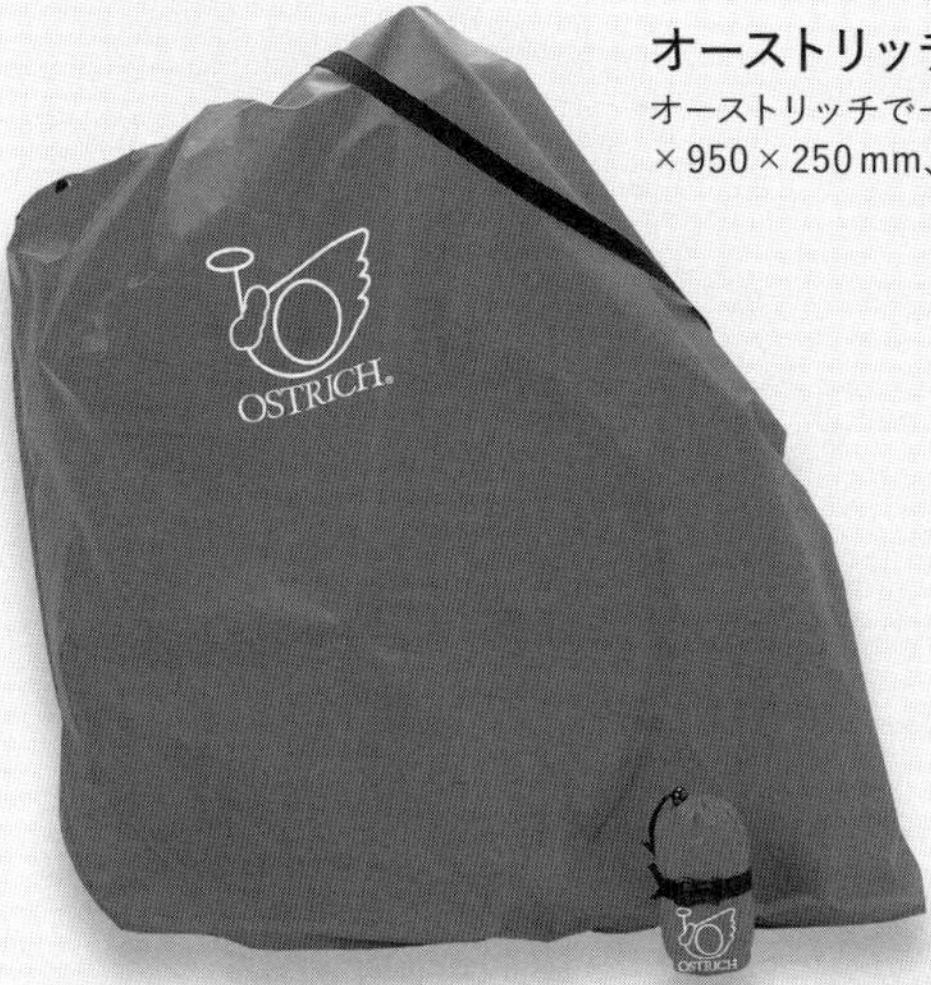


## オーストリッチ・L-100輪行袋

オーストリッチで一番人気のある輪行袋。外寸法1100×950×250mm、重量235g　価格6500円+税

## オーストリッチ・SL-100輪行袋

折りたたむとボトルケージに入る寸法の超軽量輪行袋。外寸法1100×950×250mm、重量200g　価格9100円+税

## オーストリッチ・L-100エアロ&ワイド輪行袋

ハンドルが90度まで切れないロードやグラベルバイク、MTB用の輪行袋。外寸1150×1030×280mm、重量265g　価格7700円+税

声を聞かないわけではない。

　それは輪行袋の使いかたにもかかっていて、自転車を収納した輪行袋そのものを持って運ぼうとすると、生地が薄ければ破れてしまう。

　収納した時点でショルダーベルトを自転車のどこかに固定することによって、輪行袋への負担を軽減させることができる。そう考えれば、SL－100を常用するのが正しいと思っている。もっと軽いウルトラSL－100を常用する人もいるくらいなのだ。

## 大きなタイプ
### オーストリッチ・L－100 エアロ&ワイド輪行袋

　ドロップハンドルよりも幅の広いフラットハンドルを使ったMTBなどの自転車は、少し大

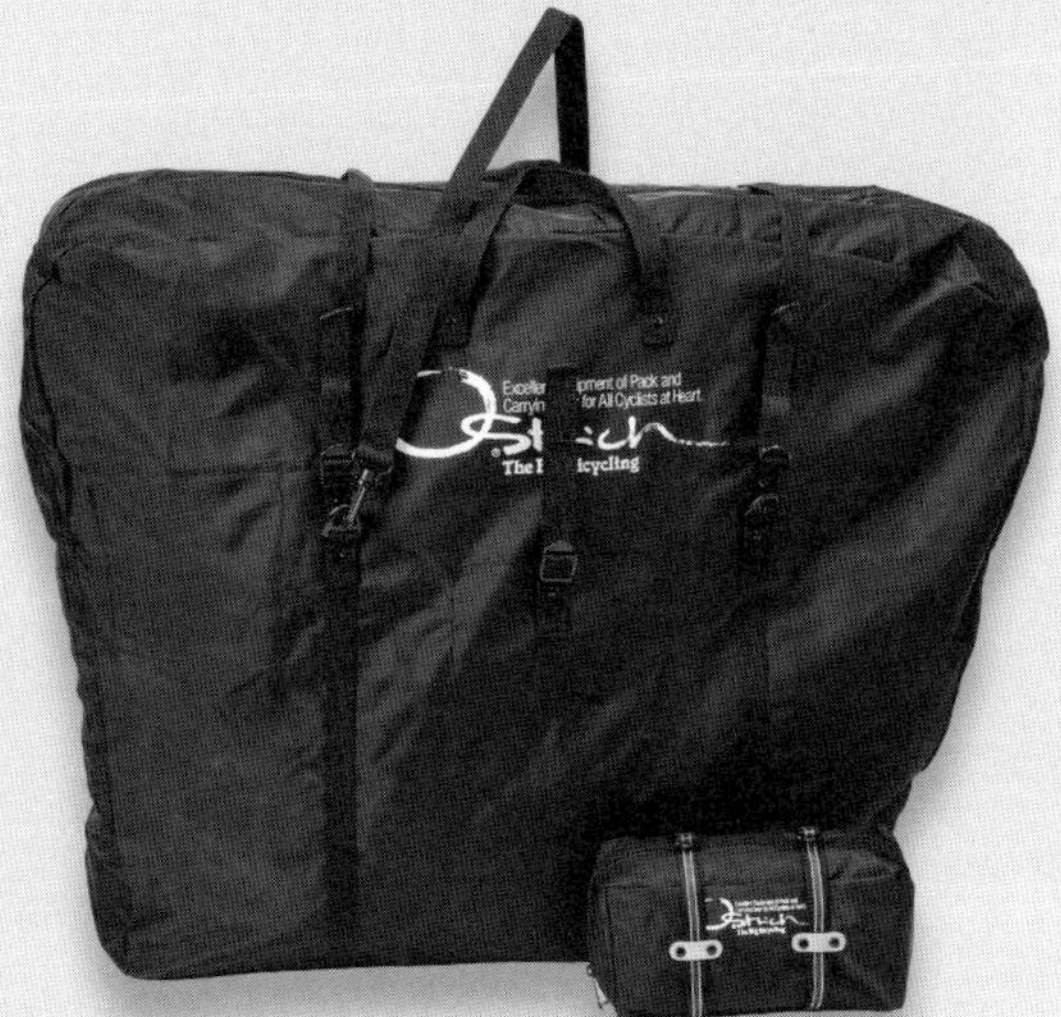

**オーストリッチ・R-420輪行袋**
日本中どこでも手に入るメーカー品としては国内唯一のランドナー用輪行袋。外寸法900×650×170mm、重量735g　価格9500円+税

**オオマエジムショ・SL-100S輪行袋**
超軽量素材を使ったランドナー専用輪行袋。外寸法950×900×250mm、重量158g　価格9091円+税

きめの袋でないと完全に収納することができない。ＪＲの基準によれば「解体して専用の袋に収納したもの」となっているので、ハンドルやサドルが飛び出した状態ではダメなのだ。

そこで各部が少し拡張された寸法の輪行袋が作られた。それがこのＬ－１００エアロ＆ワイドだ。寸法的にはもちろんＪＲの規定に収まるように作られている。フレームサイズのとても大きな自転車や、ホイールサイズが大きめの自転車でも収納することができる。

## ランドナー専用
### オーストリッチ・Ｒ－４２０輪行袋
### オオマエジムショ ＳＬ－１００Ｓ輪行袋

少なくとも40年以上のロングセラーであるオーストリッチ・

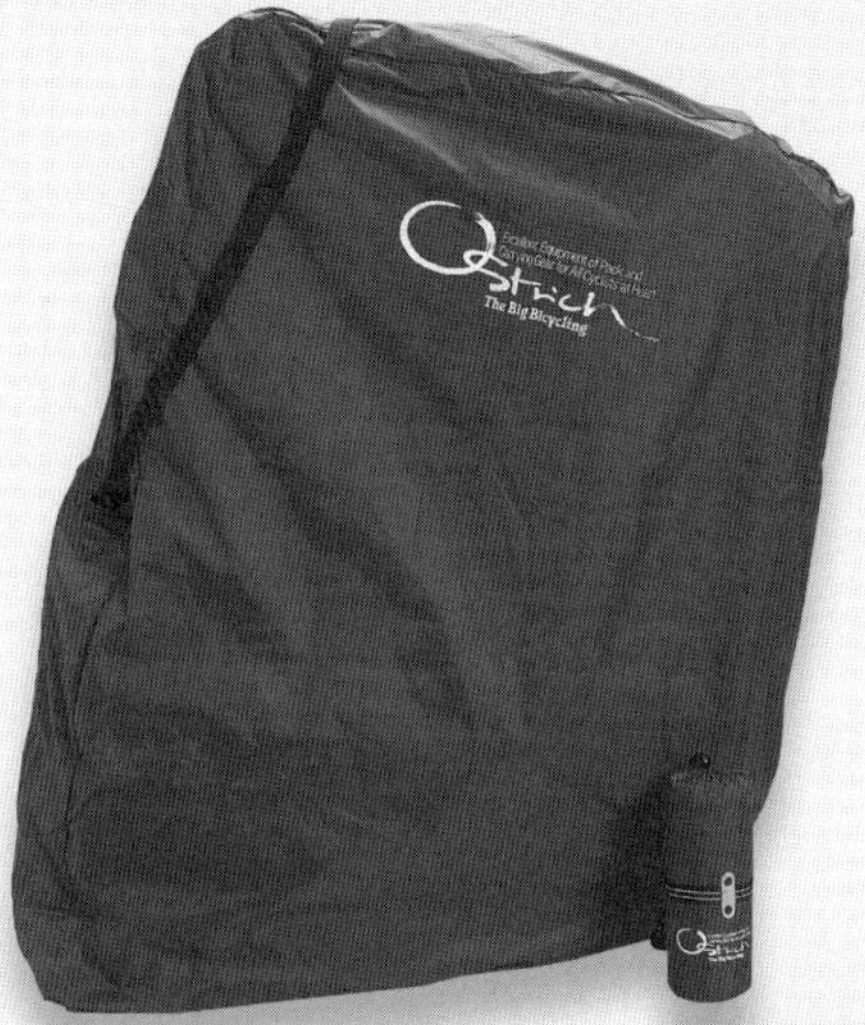


**オーストリッチ・ロード220輪行袋**
そこそこ軽量なロード用輪行袋で、エンド金具が付属し、外袋に一緒に収納できる。ロード220とロード220ディスク（ディスクブレーキ用金具つき）がある。外寸法1070×830×200mm、重量320g　価格8200円+税（ディスク用8800円+税）

**グランジ×オーストリッチ・オーキャリー輪行袋**
東京サンエスがオーストリッチとコラボした横置き輪行袋。外寸法1180×870×180mm、重量505g　価格9800円+税

R－420、そして同社製のSL－100S（オオマエジムショオリジナル）がランドナー専用と呼べる製品だ。

ランドナーは泥除けやフロントキャリアなどを備えるので、ロードバイクなどのように車輪を外して簡単に輪行することができない。それを逆手にとって、前輪と泥除け、フロントキャリアがついたままフロントフォークを抜く方式を考案したのがアルプス自転車だ。

このフォーク抜き輪行は別名「アルプス式」とも呼ばれるが、フォークを抜くぶん、分解した自転車の荷姿はほぼフレーム本体だけになるくらいにコンパクトで、輪行袋そのものも一般的な袋にくらべて10㎝から20㎝ほども小さく作られている。

大は小を兼ねるから、ベーシックなタイプであるL－100などにランドナーを収納することも可能だが、ナイロン生地が余ってしまい扱いづらいし、スマートではない。ランドナー乗りならやはり専用の輪行袋を使うことを強くオススメしたい。

オオマエジムショのSL-100Sはボトルケージに収まる

## ホイールを別に収納するタイプ

オーストリッチ・ロード220輪行袋
ロード220ディスク輪行袋

ロードバイク用で内部に大きなポケットが作られていて、そこに車輪をそれぞれ入れるタイプもラインナップされている。中身が動くために自立しづらくて困るが、中締めベルトで固定するのが面倒という人はこちらを使う。この輪行袋にはディスクブレーキ仕様車用に「ロード220ディスク輪行袋」という弟分がいて、いずれも専用のエンド金具が付属する。

MTBやグラベルバイクなど車輪が汚れている自転車でも、なかが分かれているので構わず放り込めるが、あとから輪行袋を洗わないといけない、と思う。

## その他のタイプ

グランジ×オーストリッチ・オーキャリー輪行袋

これまで紹介した輪行袋は、収納した形態が縦長となる「縦型」「縦置き」と呼ばれるタイプだ。そしてオーストリッチに

## 輪行袋を活用する

はほぼないが、他社製品の輪行袋には「横型」「横置き」のものがある。横置きは、ハンドル部とサドル部を底辺にして収納するため、横に長い収納形態になる。まずデメリットとしてより大きな置き場所を必要とし、列車内で言えばふたりがけ座席の後方スペースを必要とする。

しかしメリットもあって、変速機を接地させずにすむため、この部分のトラブルを防ぐことが可能。また、ショルダーベルトを使って持ち上げた際の縦向きの寸法が短いので、小柄な人でも持ち運びがしやすい。

というわけで小柄な人を中心に横置きの輪行袋を好む人が多いが、縦置きの輪行袋もショルダーベルトを出す位置さえ気を配れば、横置きとして使うことが可能な場合も多い。このあたりは工夫次第だ。

### 収納時の各輪行袋サイズ比較

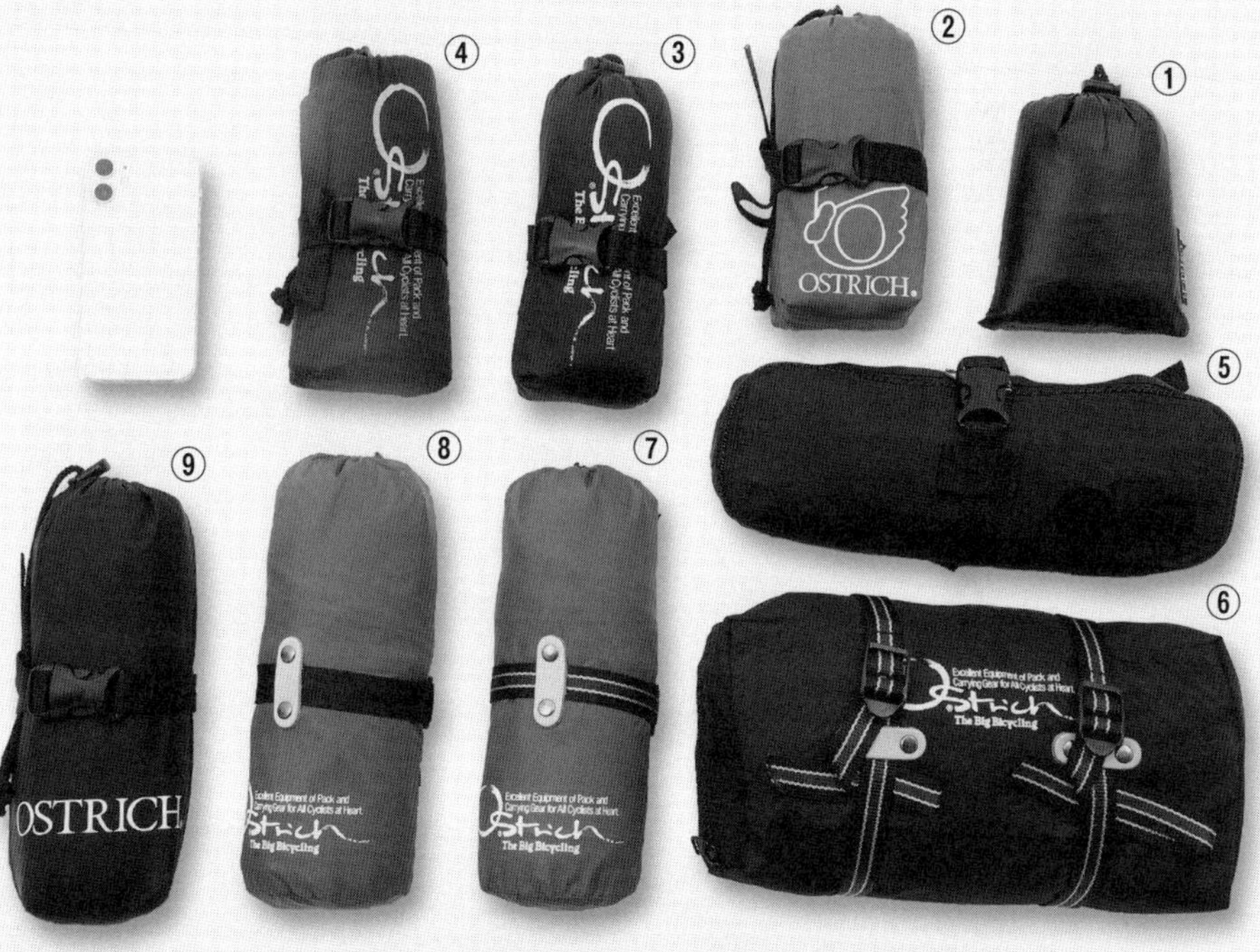


左上はiPhone12 mini。それぞれの輪行袋の収納サイズを比較してほしい。①オーストリッチ・ウルトラSL-100輪行袋　②オーストリッチ・L-100輪行袋　③オオマエジムショ・SL-100S輪行袋　④オーストリッチ・SL-100輪行袋　⑤グランジ×オーストリッチ・オーキャリー輪行袋　⑥オーストリッチ・R-420輪行袋　⑦オーストリッチ・ロード220輪行袋　⑧オーストリッチ・ロード220ディスク輪行袋　⑨オーストリッチ・L-100エアロ&ワイド輪行袋

# 輪行する場所

初めて輪行にチャレンジする人は、まず自宅かどこかで輪行の練習をすると思う。そのときに自転車を立てかける壁あるいはガードレールが必要だと気づくはずだ。慣れてくるとナシでも作業できるようになるものだが、最初はあったほうが楽である。

　そして分解の過程で、チェーンや変速機などが地面に接する可能性が高いことにも気づくと思う。地面に砂や吸い殻などがあると、せっかくメンテした駆動部が汚れてしまう。

　輪行する場所は、立てかける壁があって、地面がキレイな場所で、そして駅になるべく近く、ある程度のスペースがあることが望ましい。そういった条件を

## 輪行作業をする場所

都営浅草線浅草駅、エレベーター乗り場のそばのデッドスペース。羽田空港まで乗り換えなしで行ける

JR常磐線土浦駅のサイクルステーション。駅の建物内にあり更衣室や水道まである夢のような輪行場所

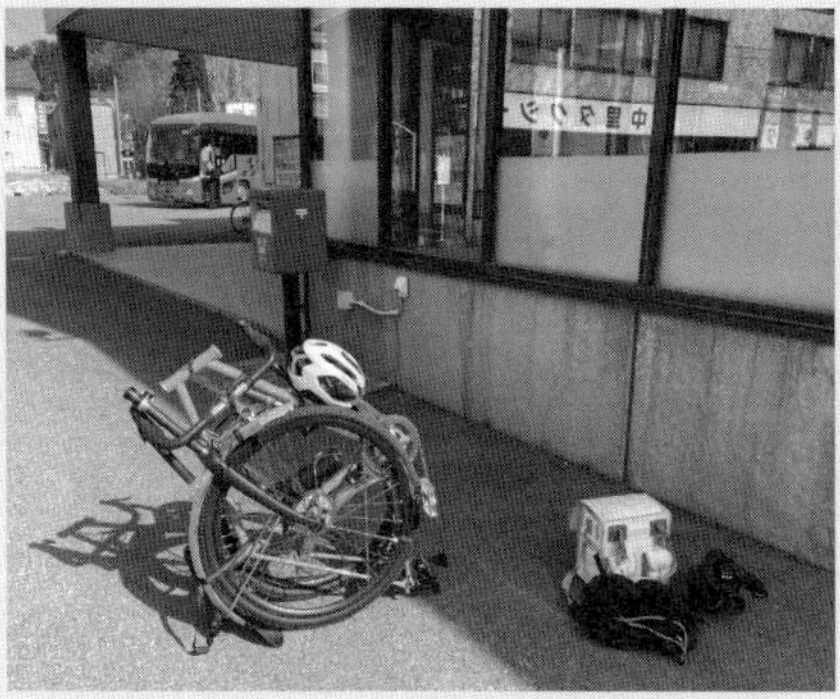

津軽鉄道津軽中里駅。もともとひと気は少ないが、駅から観光バスへの動線や自販機の付近は避ける

JR上野駅前、浅草口が僕の定位置。歩行者の動線を避けて作業できるが、タバコを吸っている人がいることも

選びつつ、なるべく人通りが少ない場所を選ぶのはマナーとして当然のことだ。初めて訪れる駅でも、接近しながら「このあたりが輪行しやすそうだな」と鼻が利くようになれば満点である。

## 輪行袋の運びかた

自転車の入った輪行袋は重い。超軽量車の持ち主でも7kgは超えているはずで、お米5kgよりずっと重く、缶ビール350mℓ24缶入りと同じくらい重い。時代物のランドナーなら13kgなんてザラである。

　というわけで輪行袋はショルダーベルトを適切な長さでしっかり固定して（←ここ重要。僕はスルリと抜けて自転車を落としたことがある）、階段にぶつからない程度の適切な高さに持ち上げ、ホームへと歩いていこう。小柄な人は横置きの輪行袋を使ったり、背中に担ぐような位置にショルダーベルトを固定する必要があるかもしれない。

　片手は改札に切符を通すときに必要だから、手に持てるバッグも限られる。それぞれのバッグにショルダーベルトをつけるか、輪行袋に入れるか、もしくは目的地付近まで宅配便で送ってしまうか。装備が多いツーリングなら、このあたりも考えておかないと、ホームにさえ辿り着けない。

　切符売り場、改札、トイレやホーム付近などで、輪行袋を立てかけつつ別の作業をするシーンもあるかもしれない。輪行のときにはしっかり自立するよう作業していても、10kgもある金属物が歩行者にぶつかったり、倒れたりしたら、ヘタをすると警察沙汰だ。なるべく人通りが少なく、かつ動線でもないところ、そして壁面やベンチ横などに置くよう気をつけたい。

**■乗車駅**

　後述する「車内での輪行袋の置き場所」にも関わってくるが、

東武浅草駅前。始発駅でエスカレーターがあり、駅のすぐ脇で人通りがない場所

乗車するのはなるべく各路線の始発駅が望ましい。始発駅で乗れば、車内での輪行袋の置き場所も確保しやすいはずだ。

ただ、始発駅は大きなターミナル駅であることが多く、自転車を輪行袋に入れてから列車に乗り込むまでの歩行距離が長くなりがちだ。このあたりは次項「利用列車」とも関わってくるが、早朝など混雑しない時間帯なら、改札からホームまでの歩行距離が短い駅を利用するのもいい。

### ■利用列車

これはもう「混雑しない時間帯を選ぶ」のひと言に尽きる。ラッシュアワーは論外だが、それ以外でもなるべく空いている時間帯を選んで移動しよう。集合時刻が○時だから、などの理由で混んだ列車に輪行袋を持ち込むのは絶対に避けたい。

また、時間に余裕があるなら各駅停車などの鈍行列車のほうが空いている可能性がある。長距離を走る鈍行は減っており、乗り換えが煩雑になって自転車を携帯する身にはしんどいが、青春18きっぷのシーズンには似たような乗り継ぎをする旅行者がいるかもしれない。

## 輪行袋の置きかた

### ■車内での置き場所

輪行袋はかなり大きな荷物だ。網棚に上げることができるサイズではないので、列車内でどこに置いたらいいかは永遠の課題だ。

常識的に見て座席に置くことはできない。網棚も無理。とすれば残るのは通路と、小さなデッドスペースだ。

まず、先頭車両か最後尾車両の、行き止まりのスペースが空いている。手すりを利用して倒れないようにしっかり固定したい。

乗車口脇の手すりのところが僕としては一番ポピュラーだ。この先の駅でどちら側のドアが開くかを知っていれば、そうでないほうに置くのがいい。また、ふたりで輪行する場合には、同じ乗車口から乗ったらせめて対角線上に（チドリに）置きたいし、複数で出かけたときには離れた乗車口から乗るなどの配慮がほしい。

乗ったときには空いていたはずの列車が、途中から混雑してくる場合もあるので、そのあたりも想像力を膨らませたい。「成田エクスプレス」など一部の列車にある大型手荷物置き場

## 輪行袋の運びかた

大きめのサドルバッグは長いショルダーベルトでたすきがけにして背負い、輪行袋は肩に。切符も取り出しやすい

列車を降りるときは、混雑具合にもよるがまず輪行袋を持ってホームに出て、乗降客が落ち着いてから担ぎ直したほうが無難

リュックサックがないサイクリングなら、輪行袋はショルダーベルトを長めに使い、背中側に回して担ぐのもいい

## 列車内ではどこに置くか

東武鉄道の「リバティきぬ」はさすがに観光地に向かう列車らしく、荷物を置くスペースがちゃんとある

早朝のJR山手線。乗車口すぐ横のスペースに輪行袋を置き、袋の巾着ヒモを手すりに縛る

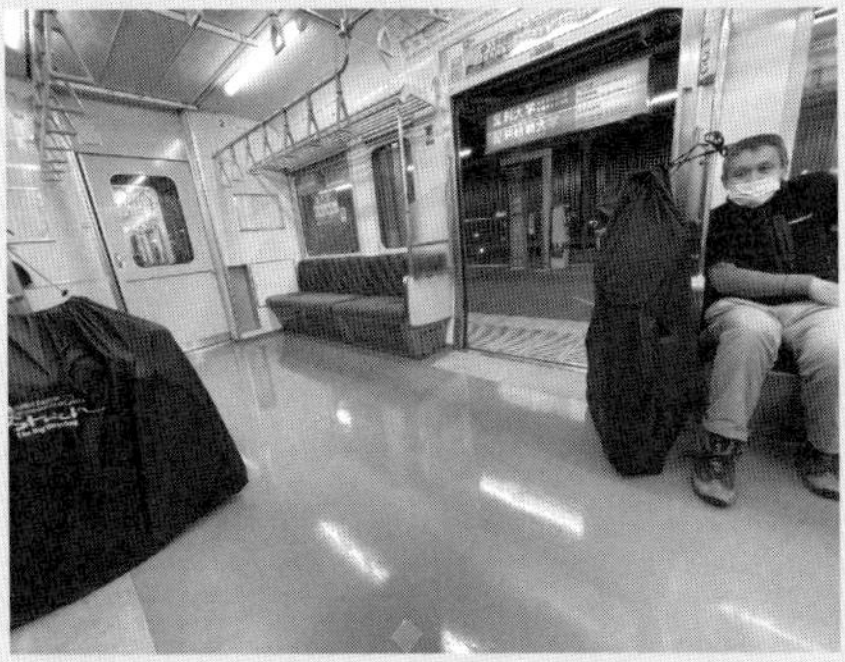

JR両毛線、乗車口脇のスペースに輪行袋を置く。ふたりならせめて対角線に置きたい

わたらせ渓谷鐵道。乗車口横にドア開閉ボタンがあるので、ジャマにならないように置きたい

津軽鉄道のストーブ列車も輪行袋の置き場所が気がかりだったが、空いていたのでボックスシートに置かせてもらえた

懸案だった「サンライズ出雲」のデッキ。なんとか輪行袋を置けてホッとした

は便利だが、キャスターつきバッグが動かないようにと下段にバーがあったり、上段は輪行袋を横倒しに置かざるを得ず、スペースをとりすぎるなど使い勝手が案外、悪い。

### ■新幹線や特急等の指定席

新幹線や特急に乗るなら、ケチらずに指定席をとりたい。そしてネット予約や窓口でシートマップを表示して、各車両で進行方向最後尾の席を予約する。ここは、座席の後ろにデッドスペースというか荷物を置くスペースがあるので、そこに輪行袋を置くことができるのだ。

新幹線で、3列シートと2列シートに分かれている場合、3列にはランドナーや折りたたみ小径車は2台置くことが可能だが、2列の側は1台しか置けない。複数で旅に行く場合はこの点にも気をつけたい。

新幹線には乗車口と通路にもスペースがある。このうちの通路は車内販売のカートが通るため、ほぼデッドスペースがないが、乗車口には少しスペースがある。前述した、座席背面の荷物スペースが利用できない場合、輪行袋は乗車口付近に置かざるを得ない。

乗車口付近には手すりがあり、そこに輪行袋のショルダーベルト等を利用して固定することになる。

しかしこの場合の手すりは真上ではなく横になるので、大きく揺れた場合には輪行袋が倒れ、ほかの乗客に迷惑をかけたり、最悪の場合は怪我をさせてしまうこともありうる。こんなこと

## 新幹線や特急での置きかた

東海道新幹線などでは特大荷物スペースつき座席を予約して、その後ろに置くのがベストな選択だ

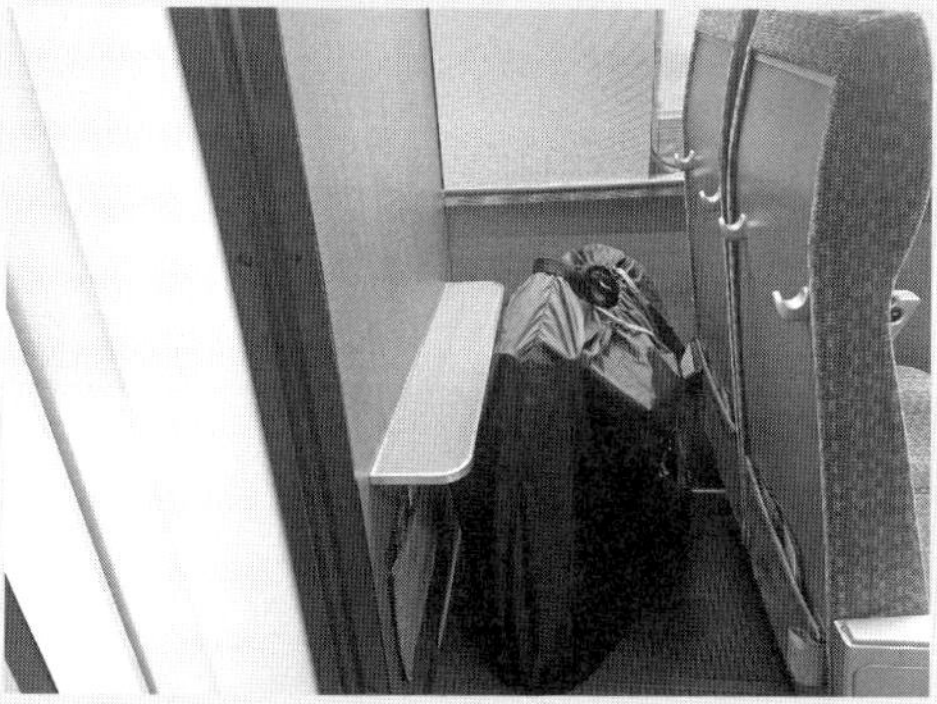

僕が乗った小田急ロマンスカーの車両は前方1ヶ所の乗車口だったため、隣の車両の最後部座席裏に置いた

を考えると、やはり輪行袋はしっかり自立するようにパッキングしてほしいのだ。

■東海道・山陽・九州新幹線の場合

これらの新幹線では、特大荷物スペースつき座席という予約が可能だ。これは3辺合計160cm超250cm以内のスーツケースといった特大荷物を持ち込む際に、このスペースを座席背面に持つ指定席を予約しなさいというものだ。料金的には座席指定料金以外は発生しない。

輪行袋は前記のサイズに該当するのだが、「スポーツ用品・楽器・車いす・ベビーカー等については、そのサイズに関わらず事前のご予約は不要」との規定が適用され、特大荷物スペースつき座席の予約は必須ではない。

しかし、せっかくこのシステムがあるのだ、僕としてはこれを利用して座席を予約することを強くオススメしたい。もちろん、予約したからといって確実にスペースが確保されているとは限らないのだが、少しでも安心して輪行袋を置くことができればよいではないか。

ただ、この座席を予約したとしても、ほかの予約客がすでに大きな荷物を置いていた場合には、お互いに譲り合いなさい、ということらしい。普通に考えれば譲り合いというより先着順になるだろうから、ほかに置けそうな場所を車掌に聞いてみよう。くれぐれも「俺は特大荷物スペースつき座席を予約したんだ」と威張ったり、「特大荷物つき座席を予約していないのに置いているじゃないか」とケンカしないように。

早朝の上野駅。しっかりと自立するように輪行できると、コーヒーを飲みながら列車を待つ余裕も

知床峠の上り、正面は羅臼岳

輪行サイクリングの旅

8

# 飛行機輪行で知床半島

異なる空港を起終点にして知床峠を越える。
沖合には国後の島影、豊かな北の食事、そしてヒグマの来訪と、
夏の北海道を満喫

〈行程〉
根室中標津空港－標津－羅臼－知床峠－ウトロ
－斜里－網走－女満別空港

〈走行距離〉
190km

「すぐそこでクマが出ているから注意して下さい!」対向車線のクルマがハザードを出して、減速しながらそう叫んでいった。「え?」と思いながら走り続けて数秒後。進行方向右手を見ると、ありゃ本当にクマさんだ。

学生時代に初めて北海道の地を踏んでから30余年。サイクリングはもちろん登山でも出会ったことがなかったヒグマに、ばったり出くわした。場所は北海道標《しべ》津《つ》町、国道335号線の薫別《くんべつ》を過ぎたあたりだ。

今回のツーリングは2泊3日で、東京羽田から空路、根室中標津《なかしべつ》空港まで飛んできて、知床《しれとこ》半島をぐるっと回り(といっても知床峠を越えるしかないのだが)、網走《あばしり》を経て女満別《めまんべつ》空港から帰途につくというものだ。北海道の大きさを味わうには短い日程だけど、ギュッと密度の濃い旅をしたくてプランを立てた。でも、クマまでは計算外だったな。

全行程は200kmそこそこなので、ちょっと脚に自信のある人なら2日で走ってしまうところだが、いかんせん飛行機の便が少なくて、走り出す時刻に難があった。羽田から根室中標津は1日1便、しかも14時着。荷物がスムーズに出てきたとしても、自転車を組み立てて走り出したら15時近いはずだ。となると空港近くの中標津町か、せめて1〜2時間走ったあたりに宿を取りたかったが、そうは問屋が卸さなかった。

ネット予約サイトで出てくる宿は予算オーバー、もしくは雰囲気的に好みじゃなく、町の観光協会などを調べて狙い撃ちで電話をかけると「コロナでお休みしてるんですよ」なんていう答えばかり。結局、初日から羅臼《らうす》まで66km走ることになってしまった。そんなこともあって、今回はロードバイクに宿泊装備を積んできた。

## いきなりのクマ登場

久しぶりに走る北海道の直線道路。一緒に走るスギヤマさんは、「ひたすらまっすぐ〜!」と動画をインスタにアップしている。

僕の自転車にはサイクルコンピュータがついていないのだが、ブライトンのサイコンをつけているスギヤマさんに聞くと時速は20kmそこそこらしい。これじゃランドナーと大差ないじゃないか。そんなことを思いながら走っていたところ、17時過ぎに出会ったのがさ

国道335号線、薫別付近でクマさん現る

っきのクマさんだ。

ありがたいことにクマさんはそそくさと原野に帰っていかれたので、僕らはおそるおそる走行を再開した。走っているのは国道だし、ときどきクルマが通るのでクマなんか出ないと思っていたのが甘かった。

「出たね。気をつけて行かなきゃね」「どうやって気をつけるんですか！」。ふたりで走っているので会話を交わしたりはするのだが、基本的に自転車は静かな乗り物だから、やっぱり鈴などを鳴らしたほうがいいのかもしれない。「森のクマさん、歌おうか？」なんて言いながら、つい道路の左右の原野を見回してしまう。でも、きっとこちらが気がついたときには目の前にいるんだろうな。親子グマじゃなくて本当によかった。

右手にはオホーツク海、いや根室海峡を隔てて国後《くなしり》島が近い。前方に見えている羅臼の町と、右に見えている国後までの距離は同じくらいに見えるから、おそらく30㎞くらいだと思う。「あんなに近くにあるのにわが国じゃないんですか！」とスギヤマさん。

日が暮れてきた。スノーシェルターを通るたびにライトを点灯していたが、もうそのまま点けっぱなしにする。羅臼が近づき、人家やキャンプ場、コンビニなども現れ始める。「ツルハドラッグ！　やっと知っている名前のお店です」とスギヤマさんは言うが、ツルハドラッグはもともと北海道から始まったドラッグストアなんだそうだ。

もう営業時間が終わった道の駅「知床・らうす」の前を通り過ぎ、羅臼の町に入る。国道が大きく左へカーブして山へと向かうところの信号を右に曲がり、羅臼橋を渡って市街地へ。本日のお宿はビジネスホテル「漁火《いさりび》」だ。

8月の北海道なんだから晩ご飯を食べるお店くらい選び放題、ではなかった。宿の人に聞いてみると、「食堂、焼肉屋さん、お寿司屋さんくらいしかやっていないんですよ。しかも早く閉まる」。そりゃマズイ！　と素早く荷物を各自の部屋に運び、お寿司屋さんへと突撃した。回っていないお寿司屋さんに行くのはいつ振りなのか、もはや覚えてすらいない。

スギヤマさんはサーモンが好物で、お寿司屋さんに行ったら食べるのを楽しみにしていた。しかし、港町羅臼のお寿司屋さんのメニューにサーモンがない。お店の人に尋ねるとあっさり「うちはサーモン、やっていないんですよ」とにべもない。「え？」。「マスノスケなら」と言われてそれを頼むとたしかにサーモンだ。いや、マスノスケはマスだと思うのだが、サケとマスはどう違うんだっけ？

## 知床峠越え

朝、起きたら雨だった。7時からの宿の朝ご飯を食べながらおかみさんに聞いてみると、今日は雨は大丈夫（＝やむ）だという。ゆっくり食べて、部屋に戻ってゴロゴロする。宿のWi－Fiを使って雨雲レーダーを見ると、9時過ぎには少しマシになりそうなので、スギヤマさんにはメッセンジャーで「9時出発にします」と伝える。

その9時過ぎに「やみません！」とのメッセージが入ったが、僕はもう玄関でレインウエアを着込んでいた。降り具合にもよるが、自転車は走り出してしまえば走れるもので、飛び出すまでが問題なのだ。ボトルのなかの水は、昨日は空港のトイレのやつだったが、今日は羅臼の美味しい水だ。

ここから知床峠までは17㎞ほど。ゆっくり上って2

羅臼の宿、ビジネスホテル「漁火」

熊ノ湯、女湯は小屋がけのなかだ

時間かかるから、10時に出るとお昼に峠だ。知床峠には僕の知るかぎりなんの売店もないので、腹減りは必定。羅臼のセイコーマートでおにぎりでも買っていく手もあるのだが、できればウトロまで下りて美味しいものを食べたい。というわけで9時20分、雨のなかを知床峠に向けて漕ぎ出した。

国道に出てしばらく上ったところで、右手に「知床羅臼ビジターセンター」を見る。2台の自転車が立てかけてあって、それがこの旅で見かけた初めてのサイクリストだった。昨日は誰にも会えず、「8月の北海道ですらサイクリストにはもう人気がないのか」と少し心配してしまったので、さすが知床峠だと思い直す。

硫黄の香りが漂いはじめるとその先に羅臼温泉野営場の入口がある。左側には熊ノ湯に行く橋が架かっていた。急ぐ旅ではないし、スギヤマさんには熊ノ湯の露天風呂を見せたかったので自転車を止めた。

平日の朝だがクルマが1台駐めてあり、誰か入っている様子だ。橋を渡り川べりへと下っていくと、手前に囲いのある女湯が、その奥にはまったく露天の男湯があって、男の人がひとり入っていた。昔と変わらない風情で、「やっぱりこれだよな」と納得する。

僕は覗く権利を持っていないがスギヤマさんは女性なので、「女湯、覗いてみれば？」とそそのかす。彼女はチラリと覗いて、「誰もいない」とひと言。パッと脱いでひと浴びしたい気持ちもなくはないが、女湯のほうはそうはいくまい。見物客が向こうから来たので、自転車に戻ることにした。

雨はほぼやんで、僕は上だけ着ていたレインウエアを脱いだ。ロードバイクにサドルバッグ一丁という軽装で来たため、脱いだものの置き場がない。もともとはバッグのなかにあったレインウエアだから入りそうなものだが、濡れたものを押し込むのもイヤで、バッグの外のクッションコードに挟んで、パタパタと乾かしながら走ることにする。

緩い上り坂は昔と変わらず、僕はのんびりとペダルを漕いだ。羅臼川の谷を回り込むところで羅臼の町が見下ろせそうな位置だが、まだそちらは霧のなかだ。続いて道は大きくうねり始め、次第に標高を上げていく。海の向こうに国後島が見える。その最高峰は爺爺《ちゃちゃ》岳だ。

前方に羅臼岳が見えるようになった。ずいぶん昔、友達と羅臼温泉野営場で待ち合わせ、あの山に登ったことを思い出す。羅臼岳から北へ縦走し、山中でさらに1泊。硫黄山からカムイワッカの滝へと下ったのだが、そのときは最後に林道に出てからの移動手段が確信犯的になく、3人が3人とも別々のクルマのヒッチハイクで、知床斜里《しゃり》駅（当時の駅名は「斜里」）で落ち合ったのだった。

知床山中のテント泊はヒグマ対策として、寝るときはテントのなかに食料を置かず、少し離れたところに食料を入れるコンテナがあってそこに保管するルールになっていた。そのくらいにクマの影が濃いエリアだということは、昨日僕らが身をもって理解したところだ。

標高差たった740mの上りだし、と写真を撮りながらゆっくりアウターギヤで上っていた。少しお腹が空いたので、スギヤマさんに「ぷっちょ」を1個分けてもらう。昨日買ったぷっちょだが、1日で食べ終わっていないのは珍しい（スギヤマさん比）のだそうだ。彼女はさらにグミも1袋、バッグにしのばせていて、休憩のたびにポカスカ口に放り込んでいるようだ。

この峠、冬が明けて開通するときの雪の壁とか、秋の紅葉のシーズンにはものすごい景色になるに違いな

知床峠羅臼側の上り。後ろに見えているのは羅臼岳だ

い。そんな時期を狙ってまた来たい気持ちもなくはないが、今日は今日で楽しい。平均勾配5％程度の上りだし、暑すぎず寒すぎず、雨が上がってくれて、これはこれで悪くない。そんなことを思いながら羅臼湖入口のバス停に着いた。

残りあと3㎞くらい。ひと息入れてこぎ出すと、途中から道は下り始めた。僕はこの峠に来るのが3回目か4回目になるのだが、峠手前で下るなんてさっぱり忘れていた。前方500ｍくらい先に峠の駐車場が見えていて、あそこは高度差的には少し下に見える。ここ、下りだっけ？　首をかしげながらギヤをシフトアップし、峠に向かって走り込んだ。

知床峠には何台かのクルマとオートバイが駐まっていた。右側はしっかり柵がしてあって歩行者のみの展望所になっており、左側が駐車場だ。バス停を含め、いくつか「知床峠」の看板がある。

僕が好きなのは一番斜里町寄りの左手にある石碑だ。初めてここに来たときにはこれしかなかったんじゃないかな？　ウチの倅《せがれ》も学生時代にここへ来たらしく、旅支度を満載したスペシャライズドのロードバイクとともに撮った写真を送ってきてくれたことがあった。

峠にはこの「知床横断道路」の開通記念碑があって、それによればこの国道は、「羅臼・斜里両町民の悲願のもとに、1963（昭和38）年9月着工し、自然環境の保全につとめながら、厳しい気象と劣悪な地理的条件を克服し、18年の歳月をもって開通した」とある。つまり、1980（昭和55）年の開通ということになるはずだ。

この記述を読むまでは、知床横断道路の開通はもう少し前だと思っていた。というのも、昭和の漫画『サイクル野郎（荘司としお、少年画報社）』のなかに主人公、丸井輪太郎が砂利道の知床横断道路で自転車を押して上るシーンがあったと記憶しているのだが、この漫画が『週刊少年キング』に連載されていたのは1970年代のことだからだ。ひょっとすると僕の思い違いかもしれない。

峠の石碑の前で羅臼のセイコーマートで買ったポケットサイズの標津羊羹《ようかん》を少しかじり、5㎞ほどの下り坂に向けて身支度を整える。上りで脱いだレインウエアを再び着込む。

僕は広い景色のなかをダイナミックに下りていくこの坂が大好きだけど、人生でそう何回も来ることはできない。そういえばちゃんと晴れた日にこの峠を下ったこともない。僕は少し運がないのかもしれない。オートバイの集団が押し寄せてきたのを潮どきに、グローブをはめ直して自転車にまたがった。

## 豪快なワインディング、そしてクマ再び

下り始めてすぐ、眼下に豪快なワインディングが見えた。スギヤマさんに先に下ってもらうよう伝え、僕はカメラを構えた。自転車はこの景色のなかでは点景でしかないが、撮りたいものは撮りたいのだ。そしてスギヤマさんは上りはたいへん力強いのだが、下りは慎重派なので、ウトロに下り着くまでに僕は追いつけるはずという計算だ。

はるか1㎞くらい先のカーブにスギヤマさんが消えていくと、僕はトップギヤに入れて彼女を追った。上ってくるサイクリストに何人か出会う。「ラストラスト！　頑張って！」と声援を送る。こちらは一気にスピードを上げているのでちゃんと聞こえないかもしれないけど、自転車乗り同士、とりあえず応援する気持

▲知床峠をウトロ側に下り始めてすぐ、こんな景色が広がる

▼知床峠にて、定番の記念撮影

ちだけでも伝えなきゃね。

数キロ下ってやっとスギヤマさんに追いつくのと同時にぐっと気温が上がって感じられ、セミがいっせいに鳴き始めた。僕が「うるさいなぁ」と言うとスギヤマさんは「セミは悪くないです」とひと言。ごもっともです。

知床五湖への分岐のところには大きな駐車場を持った「知床自然センター」というビジターセンターがあり、五湖方面の散策はここでシャトルバスに乗り換えていく。道ばたには英語で「Bear Country Don't approach! Don't feed!」との大きな看板が立っていた。

僕らはお腹が空いていたので素通りし、ウトロまで下ることにした。

前方左側に路駐しているクルマがあったので、右側を通って追い越そうとした。だがそれは何台も続いていて、あっと気づいてブレーキをかけたときには、その右側にはもうクマさんがいらっしゃった。

連日のお出ましである。

クルマの人たちは鉄の箱のなかだからいいかもしれないが、こちらはナマ身の人間である。ちょっとバックしたい気はするが、Uターンするのも難しい。対向車線に駐めてあるオートバイも、ライダーはどこかに避難しているようだ。さっきのビジターセンターの駐車場がいっぱいで、その路駐ぐらいに思ったのだが、ここがクマさんのエリアであることをもう少し認識しておくべきだった。

クマさんは道路脇の草をなんだかハミハミしていた。つい、首から提げていた一眼レフを向ける。スギヤマさんもさっとスマホのカメラを構える。しかしクマさんはギャラリーが増えたのに気づくとそそくさと道路を横断し、まっすぐ笹藪《やぶ》のなかへと帰っていってしまわれた。

笹藪のなかといっても、道路の左右は背丈を超えているので、まだどのくらい離れていったのかはわからない。でもきっとこちらを襲おうと待ち構えているのではなく、どこか遠くに行ってしまったと勝手に判断し、路駐のクルマを抜いてまた下り始めることにした。もうすぐ下がウトロの町のはずだ。

## ウトロを経て知床斜里へ

ウトロは羅臼にくらべて大きく観光地化されている

知床自然センター付近でまたもクマさんを目撃

知床自然センター手前の看板。「近づくな、エサをやるな」。もちろんそれはそうだ

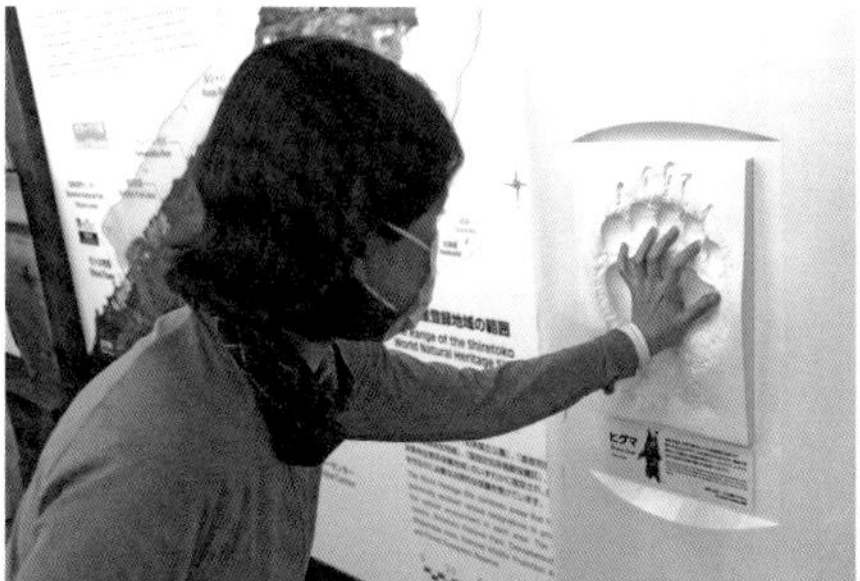

道の駅「うとろ・シリエトク」にあったヒグマの手形。でかい

ように感じた。垢抜けたホテルもたくさんある。でも食堂はそれほど多い印象はなく、うっかり通り過ぎずに一撃でお昼ご飯を決める必要があった。もうそろそろ1時だ。

道路右手に「漁師の店かにや」がある。ウニ、ホタテ、イクラ、そしてもちろんカニ。しかしスギヤマさんが好きなサーモンが書いていないのでスルーすることにした。その次、道路の左手にあった「ごはん屋い志もと」に自転車を立てかけた。ザンギ、ラーメンの幟が出ているので、いろいろ食べられそうだ。

僕は知床海鮮塩ラーメンを頼んだ。今日はもう残り36kmほどだし、着いたらすぐまたビールなのであまりカロリーを摂取しなくていいという判断だ。スギヤマさんはサーモンを選ばず知床鶏ザンギ定食を食べて、がっつり満足している。

だがしかし。ふたりが食べ終わるころに来たお客さんが頼んだ生ウニ丼は「今日は地元ウトロの生ウニです」と言って出てきたので、僕は少し後悔した。あれを食べればよかった。

食後はウトロ漁港を見てみることにした。自転車を走らせると、漁協のような建物の脇になにやら観光客が列をなしているではないか。

手書きの看板には「漁協婦人部食堂」と書いてある。本日ウニ売り切れの札が下がっている。前もってちゃんとリサーチしてくればこういうところに辿り着くのだろうが、今回はウニやイクラが主目的ではない、と自分を納得させる。でもきっと、ここがうまいんだろうなあ。

国道334号線を少し行くと、道の駅「うとろ・シリエトク」があった。急ぐ旅でもないし、また寄り道しよう。

なかに入ると知床横断道路の除雪についての動画が流されていた。雪山の、ただの大斜面となった場所から正確に道を掘り出す作業は見るからに大変そうだが、見ているとそのさらに上の斜面に人が登って雪庇を落としている様子が映し出された。これは……すごい。ゴールデンウィークころに開通したら、雪の壁見たさにまた来てみたいが、やはり東京から知床は遠い。

ポーチのような小さいフロントバッグと着替えを詰め込んだサドルバッグで荷物はいっぱいなので、なにかお土産を買うのは不可能に近い。でもお土産物を見てしまうのはもう観光地に来たら習慣のようなものだ。

▲ウトロ漁港のゴジラ岩。このそばにウトロ漁協婦人部食堂がある

▼ウトロから斜里へ向かう途中でエゾシカに会う

昔からある「熊出没注意」みたいなやつより、かわいくキャラクター化したようなのが増えていて、「知床トコさん」というキャラが気になった。

スイーツや海産物などをひと通り眺めてから、こけももソフトクリームを食べる。さっきお昼ご飯を食べたところだが、いわゆる別腹ってやつか。

3時近くなってようやく走り出す。あと2時間もあれば着くはずだから、のんびり行けばいい。オホーツク海を右手に見て、淡々と走っていく。こちらは曇り空だが海上に日が差している場所がありキレイだ。ずっと右を向いて走っていてもいいくらいだ。でもふと左を見るとシカがいた。エゾシカだ。

これまでの北海道サイクリングでは、まずキタキツネに出会い、次がウシ、エゾシカを見ることが多かったのだが、今回の旅は勝手が違う。まずヒグマだもんな。

1時間ほど走ると道は海から離れ、小さくてかわいいウナベツスキー場の下を通ってまっすぐ西へ向かう道になる。周囲は畑や牧草地だが、そこら中に「畑に入らないで」という知床トコさんの看板が立っている。どこもかしこも、観光客がずかずかと踏み入って記念撮影しちゃうようにはあまり見えないが、でも徹底的に立っている知床トコさんを見ると、もしかして大人気なのかもしれないとも思う。帰ってから調べたらこの知床トコさんは斜里町で企画されたキャラクターで、どうりで斜里町を過ぎると見当たらなくなった。

交通量が少し増え始めた国道334号線を知床斜里駅へと向かう。斜里市街への標識に従って信号を渡ると急に建物が増え、町の気配が近くなった。もうあとは地図を見なくても駅には辿り着くだろう。

知床斜里駅前の宿、ルートインに着くと、僕はさっそく晩ご飯を食べるお店について尋ねた。フロントのお姉さんは困ったような顔で隣の人と相談している。いや、普通の居酒屋でいいんですけど、なんならそこに「つぼ八」もありますよね？

なんとなんと、お盆休み直前のこの時期なのに、開いているお店がほとんどないんだそうだ。うわ〜、コロナ憎し！　それでも2軒紹介してもらい、白黒のコピーにピンクのマーカーでお店を示した案内地図をいただいた。

お風呂の脱衣所にはコインランドリーがあって、僕はさっそくシャツやパンツ、靴下を洗濯機にぶち込ん

斜里町の畑や牧草地に立てられた知床トコさんの看板

知床斜里駅手前にある道の駅「しゃり」にも知床トコさん

だ。昨晩は手洗いだったので、今日はずいぶんと楽だ。入浴をすませ、向かいのセイコーマートでサッポロ・クラシックを買ってくるころには、もう乾燥も終わっていた。

ホテルは駅の前に建っているので、6階の西に向いた部屋の窓からは線路が見えている。しかし、じっと見ていてもなかなか列車が通らない。それもそのはず、調べてみたら上り下り合わせて1日14本の運行だ。昔の面影がまったくなくなった瀟洒《しょうしゃ》な平屋建ての知床斜里駅、あとでちょっと寄ってみよう。

スギヤマさんの洗濯が終わるのを待って、教えられた海鮮居酒屋に向かう。店内には少しお客さんがいたが、もう終わりが近い感じだ。僕はビール、スギヤマさんはウーロン茶で、いくつかオツマミを頼む。明日は網走を経て女満別空港まで、60kmほどを残すのみ。僕は早くも空港でのビールを考えている。はるばるここまできて、明日帰っちゃうのはもったいないな、とも思う。しかし、これがオトナというものなのだ。

お店を出てセイコーマートに寄り、寝酒（といってもビールだ）とおつまみを買う。さすが北海道、オツマミの鮭だけでもスライス鮭とば、鮭とば、細切り鮭とば、ピリ辛細切り鮭、鮭とば大袋と潤沢だ。しかし買いすぎるともうバッグに入らない。あとは明日、空港で買おう。買ったら輪行袋に入れて帰ればいい。

夜9時過ぎの知床斜里駅。まだ最終列車が来る前だからか、わずかに人の気配がある。駅舎のなかでカブトムシが飼われている。やけに明るい駅舎から真っ暗な外に出て、また明るいホテルに帰っていく。明日はようやく晴れの予報だ。

## 網走監獄のリアル

3日目にしてフレームポンプでタイヤに少し空気を足し、西へと走り出す。線路を渡って道道を進み、国道244号線に合流。交通量は飛躍的に増え、観光エリアに来たことを実感する。走っているクルマは圧倒的に「わ」ナンバーのレンタカーが多い。

小清水《こしみず》町に入ると、どこからともなくかぐわしい匂いが漂ってきた。左手を見るとおお、ウシさんだ。真っ黒いウシが干し草をはんでいる。僕らは道を外れて、しばし2頭のウシを眺めていた。

そろそろ国道はJR釧網《せんもう》本線に近づき、海沿いに出るはずだ。まずモンベルストアが目に入った。小清水町にできたと聞いていたモンベルストアってここだったのか。その隣に道の駅「はなやか小清水」があった。ということは！　道の駅の端っこにひっそりと釧網本線の浜小清水駅があるのだった。

だからこの駅には道の駅が併設され、モンベルストアとセイコーマートと、それからラーメン屋とソフトクリーム屋があるということになる。この近所、半径100㎞くらいで一番便利な駅かもしれない。セイコーマートでアイスコーヒーを買ってホームに出る。1両編成の列車がやってきて、親子連れが何組か降りてくるのを見物していた。浜小清水駅、いい感じだ。

左手に濤沸《とうふつ》湖を眺めながら走っていく。今度はウマが放牧されている。しばらく走ると原生花園駅を通過し、木造の駅舎が美しい北浜駅、同じ感じの駅舎の藻《も》琴《こと》駅と過ぎていく。いずれも駅の利用客とは別にクルマが停まり、観光客が立ち寄っていて賑わいを見せる。

網走駅が近づいてくると、マクドナルドやヤマダ電機など、都会の雰囲気が漂ってきた。もう1時近いので「ここでなにか食べちゃおうか」とスギヤマさんと話すが、網走監獄の「監獄食」を楽しみにしてきた彼

網走駅。大昔にこの位置にキャンピング車を立てかけて写真を撮った記憶が蘇る

網走監獄の監獄食、ホッケバージョン。本来は味噌汁ではなく番茶なのだそうだ

釧網本線の北浜駅。駅舎は現在、レストランに転用されている

女はあと少し走ることを主張した。ま、４㎞くらいなので、行きましょう。

　ＪＲ石北本線沿いに走り、少し上ると昔の網走刑務所、今は博物館となっている網走監獄に着く。広い駐車場にはバイクラックがあり、すでに何台もの自転車が監獄を見に来ていた。アルプスのキャンピング車が1台あった。僕らは自転車を置いてまっすぐ監獄食堂に向かい、列に並ぶ。

　麦飯とホッケの監獄食はステキとは言いがたい昼食ではあるが、話のタネに一度は食べてみたかった。現在の網走刑務所で収容者が食べている昼食を再現しているそうで、お茶の代わりに味噌汁がついて、僕らにも食べやすくしてくれている。本当に刑務所に入るのはゴメンだが、９００円で体験できるなら安いものだ。

　お金を払って正門をくぐり、なかを見学する。放射状に並んで見張りをしやすい舎房や浴場、職員宿舎、そして規則違反者を入れる窓のない独居房などを見て歩く。いやマジでなかなか怖い。入りたくない。でもうっかり事故を起こすということもあるしね、などと話をしながら回っていた。

　一番おもしろかったのは、ふたりの脱獄囚の話だ。明治時代の五寸釘寅吉《とらきち》と、昭和の脱獄王・白鳥由栄《よしえ》。その壮絶な脱獄方法の数々はどうか当地を訪れて見てほしいし、インターネットで見る情報だけではない、リアルな感覚をぜひ味わってほしい。本当におもしろいって。

　1時間半ほども監獄を堪能した僕らはバイクラックに戻り、駐めてあるいろいろな旅自転車を眺めた。４台連ねて駐めてあるＭＴＢはおそらく同じグループで、もしかすると家族かもしれない。フロントにはカゴをつけてそこにいろいろ放り込み、さらにリアには山のように荷物を積んでネットで留め、もちろんサイドバッグは4個だ。よく見ると何台かは電動アシストつきだ。すごいな、彼ら。全然スタイリッシュじゃないけど活気あふれる旅のスタイル。無事に旅が続けられるといいな。

　国道39号線に戻り、網走湖岸のキャンプ場を横目に見ながら呼人《よびと》へ向かう。なにか、世界一と書いてあるジェラテリアがあって大勢並んでいる。女子的には気になるかもしれないが素通りする。

　道の駅「メルヘンの丘めまんべつ」で休憩し、もうひと息で女満別空港だというころ、広いヒマワリ畑に

▲網走監獄の駐輪スペースで見かけた旅自転車。荷物の積みかたが豪快

▼女満別空港に設置された、自転車を分解・組み立てするスペース

出た。なかなかキレイなのだが、いかんせん空が曇っており夕方も近い。あれこれカメラを構えてみたが、結局諦めて空港へと向かった。

女満別空港にはサイクルステーションがあって、組み立てやメンテナンスの場所を提供してくれていた。それほど広くないのでスギヤマさんはなかで、僕は外で自転車をバラし、輪行袋に収めた。飛行機まではまだ時間がある、ようにバッチリ調整して走ってきた。空港のレストラン・ピリカでじゃがバターとソーセージ盛り合わせ、そしてサッポロ・クラシック樽生だ。心ゆくまでビールを飲み、お土産を買って、さあ灼熱の東京へ帰るとするか。

後日談。実家に立ち寄った折に『サイクル野郎』の8巻と9巻を持ってきた。発行は1975（昭和50）年だから、やはり知床横断道路の開通前の描写になる。僕の記憶とは少々異なり、主人公は日本一周装備満載の自転車を押して山道を越え、羅臼からウトロへ抜けていた。「いままだ道路は工事中だよ」と地元の人が話すシーンもある。おそらく作者は、工事中のこの道路のことを知って、丸井輪太郎にひと足早く、峠を越えさせたのだろう。これにて一件落着。

実家から持ってきた「サイクル野郎」。久しぶりに全37巻を読みたくなった

輪行サイクリングの旅⑧

## 飛行機輪行で知床半島

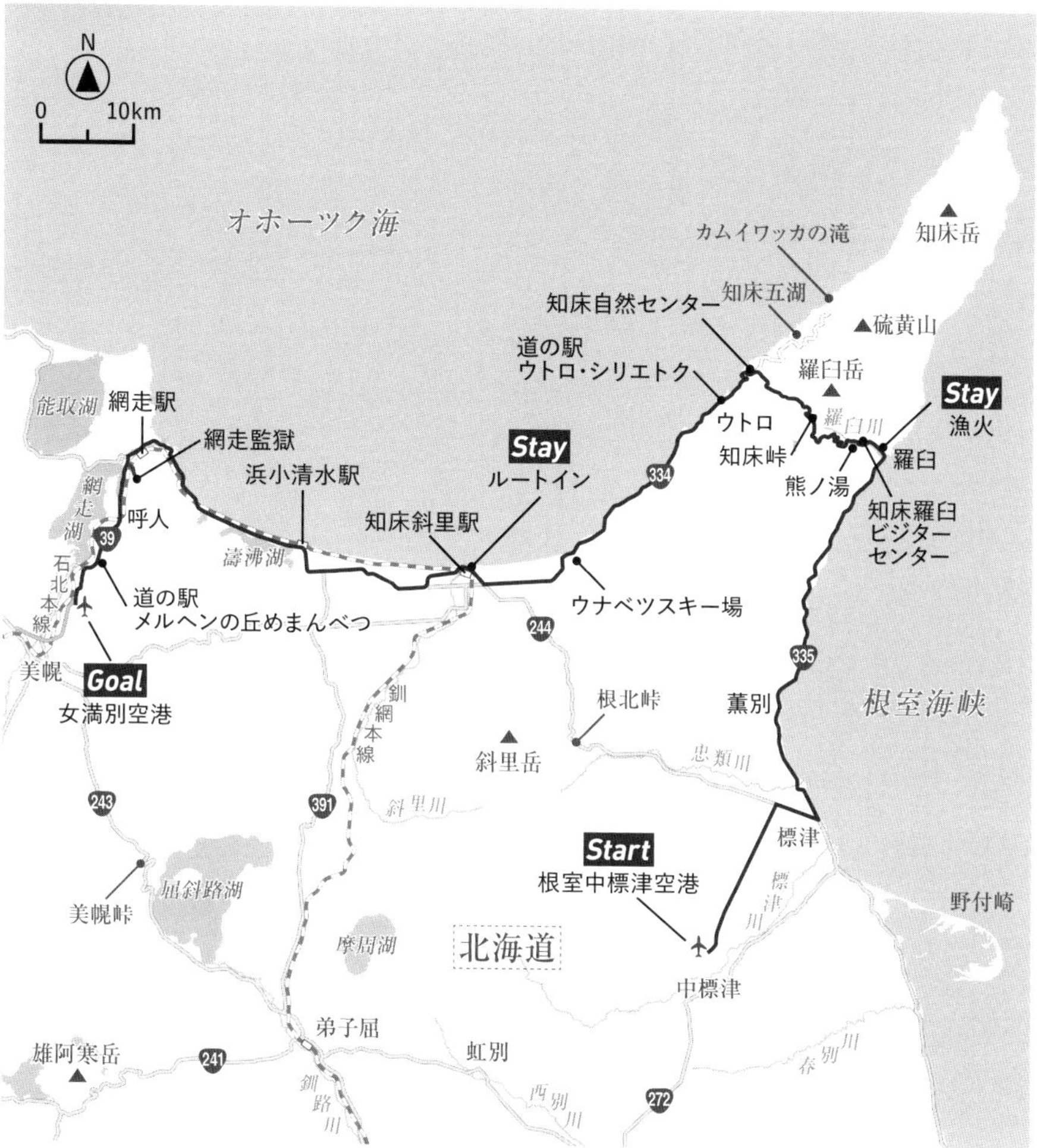


【行程】根室中標津空港－標津－羅臼－知床峠－ウトロ－斜里－網走－女満別空港

【走行距離】190km

【アクセス】根室中標津空港へはANAしか飛んでおらず、1日3便が札幌（新千歳）から、1便が東京（羽田）からとなっている。これがプランのネックではあるが、だからこそ混雑しない、快適な旅ができるともいえる。女満別空港はJAL、ANA、AIR DOなどが来ており、JALは羽田のほかに札幌（新千歳と丘珠）などから、ANAは名古屋（中部国際）からの便がある。プラン次第ではあるが逆コースも楽しいかもしれない。

【利用地図】昭文社「ツーリングマップル 北海道」

【アドバイス】北海道は広い。試しに「北海道 広さ比較」でググってみるといい。そのため、欲張りすぎるプランは禁物だ。時速20kmで10時間走れば200km、は理論上は可能だが、走っただけの旅になってしまう。与えられた休みの日数、アクセスや走り始めの時間、宿泊場所、走行距離などを総合的に判断してプランしたい。

# 鉄道以外を利用した輪行

ここではサイクリングを目的として自転車を分解収納し、鉄道以外の交通機関を利用するケースについて述べよう。

## 飛行機

国内はもちろんのこと、海外など長距離移動時に絶大なパワーを発揮するのが飛行機輪行だ。飛行機輪行の最大の問題点は分解収納した自転車を貨物室に預けること。輪行袋選びや、パッキングそのものに十分な注意が必要だ。

輪行袋選びという点では、目的地の空港に着いてから先、輪行袋を置いておく（預ける）手段があるかどうかがポイントとなる。貨物室に預ける以上、丈夫な輪行袋（あるいは輪行ケースなど、段ボールやプラスチック段ボールで作られたもの）を使いたいところだが、到着してからそれらを持ってサイクリングするのは至難の業。随行するクルマがあったり、空港近くの宿に預けることが可能なら、それらの安心できる輪行袋を使うことができる。

そうでなければ、いつもの輪行袋を使うことになる。何種類か持っているなら比較的厚手のナイロンを使ったものを利用することができるだろうが、常用している走行時にあまり邪魔にならない薄手のもので飛行機輪行するのはなかなか勇気がいる。

僕の例で言えば、もちろん薄手のＳＬ－１００輪行袋などで飛行機輪行しているわけだが、できるかぎりしっかりと付属の中締めベルト3本で固定し（可能ならもう数本増やして）、どこか一部分を持って揺すってもびくともしないくらいの輪行を目指している。

また、後ろ変速機の保護に関しては、ワイヤーはそのままで本体はいっそのこと取り外してリアエンド近くにストラップで固定するのもよい。リアエンドのディレイラーハンガー部が外せる構造なら、それも外したほうが安心だ。ただしリアエンドの形状によっては、それを外したらエンド金具が機能しない場合もありえるので前もってチェックしたい。

エンド金具などを使ってしっかり自立するように輪行するのはもちろんだが、床に平らに置かれてしまうことを想定して、どちらを上にするかも預けるときに伝える。もちろん、後ろ変速機側を下に向けないように。ディスクブレーキ車の場合はローターの向きにも要注意だ。

空港では手荷物カウンターに行くと、昨今は輪行袋を預ける人が多いせいか「自転車ですね」と理解してもらえる。「破損に関して保証しません」的な書面にサインを求められるがこれはやむを得ないだろう。

そして、大型手荷物を預ける場所は別に指示されることも多いので、そこまで持っていく。あとは到着地の手荷物カウンターで、無傷で出てきてくれるのを祈るだけだ。通常はスーツケース類と同様のベルトコンベアではなく、係員がハンドキャリーで持ってきてくれることが多い。ベルトコンベアを見ながら待っていると、実はすでにカウンターの一隅に輪行袋が立てかけてあったりするのだ。

万一のことだが、輪行袋が大きく破れていたりしたら、なかを確認し、破損がひどければ係員に相談したほうがいいだろう。いくらサインしたとはいえ、走れないほどに自転車が破損していたら、来た意味がなくなってしまう。そういう点では飛行機輪行は諸刃の剣という気もする。

羽田空港にて運ばれてきた輪行袋を受け取る。エンド金具を併用し万全の対策を講じたおかげで無傷で届いた

「たおす際　こちらが上」と書かれたシール。貨物室では横に寝かせるため、ディレイラーを上にしてもらう

# バス

輪行袋を持ってバスに乗るのはなかなか難しい。ひとくくりにバスといっても多くの会社が路線バスや高速バスを運行しており、それぞれに持ち込み手荷物に関する約款があるからだ。自宅から駅までのような短距離の路線バスはさほど厳しくはない印象だが、中長距離の高速バスに輪行袋を積んでもらうのは想像するより困難だ。

バス会社に約款を問い合わせると、かなりの確率で「ダメ」と言われる。ガラガラの路線バスに僕ひとりと自転車1台だけのケースでも、約款を盾に拒否されたこともある。

僕がよく行っていた群馬県・JR高崎線の新町駅から上野村の砥《と》根平《ねだいら》までのバスは、上信バスだった時代は普通に載せてもらえたので約款など気にも留めなかった（手荷物料金は払った記憶がある）が、日本中央バスになってからは頑なにお断りされる。誰も乗っていないのにと交渉しても、「規則だから」。載せてもらうつもりでプランを立てたこちらが悪いのかもしれないが、もうちょっと弾力的に運用してくれてもいいのにと思う。

前記の日本中央バスが所属する群馬県バス協会に問い合わせてみると、「路線バスの有料手回り品の規定は重量30kg、縦横高さが0・25立方m、長辺2m以内というのが基本だが、日本中央バスの場合は路線によって異なる規定を使っているようだ」という答えが返ってきている。

また、たとえば国際興業バスのウェブサイトにある「よくあるご質問」には、「高速バスのトランクは容量に限りがあるため、折りたたみ自転車やサーフボード、スノーボード、スキー板、大きめのスーツケース、弓道の弓、釣竿などはお預かりすることができません。あらかじめ宅配便などをご利用いただき

成田空港へのリムジンバスに輪行袋を預ける。実はイタリアへのフライトだったので、中は徹底して保護してある

輪行サイクリングの知識と基礎⑪

## 鉄道以外を利用した輪行

ますようお願い申し上げます」と書かれている。

　この会社の場合、夜行高速バス・空港連絡バスの手荷物の収納についてのＦＡＱは別項を立てており、「貴重品等のお手回り品につきましては車内へお持ちくださいますようお願いいたします。トランクルームに収納及び車内に持ち込まれた手荷物に、破損・紛失・盗難の損害が生じても弊社はその責を一切負いかねますのでご了承ください。※トランクルームに収納する手荷物はおひとり様につきキャリーバック程度の物１つまでとさせて頂きます」と書かれていて、先ほどの高速バスの項の「大きめのスーツケース」と、「キャリーバック程度の物」とを使い分けている。

　正攻法で問い合わせてみると「市販サイズのキャリーバッグ等のなかに完全に入れて頂いた状態であれば持ち込みは可能ですが、多客時等、安全面に支障があると判断した場合、自転車の積み込みはお断りするケースもございます」という答えが返ってきた。市販サイズのキャリーバッグはスーツケースほど大きいものではないから、やはり不可と考えるのが妥当だろう。

　高速（長距離）バスの場合は荷物室を削って乗客のスペースに充てていたり、それでも乗客分、自転車などは割を食っている状態のようだ。ただ、空港連絡バスはそんなことを調べずに巨大なスーツケースをいくつも持ってくる旅行者がいるせいだろうか、かなり弾力的に運用している印象を受ける。たとえば僕の住んでいる地域から成田空港へ向かうリムジンバスには何度も自転車を輪行袋で、あるいは段ボール箱で積み込んだ経験があるが、断られたことはない。

　結論。バス輪行は断られる可能性があるので、必ず前もって調べたほうがよい。ただし一部の長距離バスは、しっかりと予約する必要があるものの、輪行袋の持ち込みを認めているようだ。

　ちなみにＪＲバス関東の場合、東京・新宿～伊香保・草津温泉、東京・新宿～佐野、新宿～佐

### バス輪行が予約可能なサイト

**バスのるjp**
https://www.busnoru.jp/sp/rinko/
ウェブサイトよりバスの予約と同時に輪行袋積載の事前予約が可能。バス１台につき輪行袋２台まで。1500円。

**アミー号**
https://www.amy-go.com
ウェブサイトよりバス便を予約したうえで電話にて輪行袋の積載について事前予約が必要で、バス１台につき輪行袋２台まで。1500円。

久・小諸・高峰高原、東京・新宿〜館山・安房白浜で有料手荷物扱い（500円）、東京〜境町（茨城県）で無料手荷物扱いで乗車可能とのことだった。

また、こういった情報はインターネットの独擅場でもある。「高速バス」「輪行」などのキーワードで検索してみてほしい。

## 船舶

船舶は、ある程度の大きさからはクルマも運んでくれるため、自転車が断られる可能性はまずない。ごく小さい、渡し船的な性格の船であっても、橋が架からないところを船で、というシステムなので、これまで拒否されたことがない。

そこまで自転車で走ってきてそのまま船に乗る場合と、鉄道などほかの交通機関で輪行してきた場合で異なるのだが、自転車の状態で運んでもらう場合と、輪行袋に収納した状態で運んでもらうケースとで料金が異なることが多い。だからといって節約のために自転車をたたむというのはちょっとやりすぎかと思うが、前後の行程を考えて輪行する場合もあるだろう。

船内では所定の場所に、といっても輪行袋置き場があるケースはほとんどないだろうから、手すりにショルダーベルトを利用して固定することになる。いくらしっかり自立した輪行状態であっても、ショルダーベルトなど長めのストラップがなければ手すりに固定することができない。そして、船はほとんどの場合、鉄道より揺れるので、ショルダーベルトを忘れないようにしたい。

写真上／佐渡ロングライドに参加するために、新潟から両津へのジェットフォイルに乗り込む大勢の人々と輪行袋　写真中／しまなみ海道からゆめしま海道へ。因島家老渡港から弓削島上弓削港への家老渡フェリー汽船に乗り込む　写真下／大阪市内では今も多くの渡し船が現役だ。これは安治川を渡る天保山渡船

# あとがきと思えば下北半島

「世の中に速く走るための自転車はたくさんあるけど、ゆっくり走るための自転車を作っているのはうちだけだ」。東京・神田にあったツーリング用自転車の老舗、スポーツサイクル・アルプスの店主、萩原浩さんのセリフだ。

ゆっくり走るといろんなことに気がつくし、頭の半分くらいは別のことを考えていたりする。坂道や向かい風と戦うのではなく、それらに遊んでもらっている感じで旅をするのがアルプスの世界観だ。

そのアルプスが2007（平成19）年に閉店したときの僕の喪失感は相当なものだった。サイクリングは自力でできるし、萩原さんにもときどき会えるのだが、お店がもたらしてくれる世界観は唯一無二だった。そういうわけで2012（平成24）年、僕はツーリング用自転車、ランドナーの専門店をスタートした。

ちなみにランドナーというのはフランス語「randonneur」で、小旅行用自転車を意味する。ツーリング用自転車でもサイクリング車でもいいと思うのだが、「ランドナー」のほうが趣味性が高く感じられるようだ。

お客さん一人ひとりの体格や用途に合わせてランドナーをあつらえるのが僕の仕事だが、実はそれだけではない。お客さんの愛車のメンテナンスや修理、いずれもツーリングに関係する作業だから、自然とツーリングの話になる。コースのプラン、天候の判断や服装、輪行のしかた、エトセトラ、エトセトラ。そういうサービスを提供してくれていたのがアルプスであり、僕のお店、「CYCLE TOURING オオマエジムショ」なのだ。

この本に収録した8本の紀行を通して読んでみると、僕のサイクリングには共通点があるようだ。峠でお昼になりそうなのに弁当を用意せず、峠を越えた向こうの町で食べようとして、毎度毎度、腹減りモードになる。

そして、海に向かって下るのが好きだ。これは景観による部分が多いんだろうな、景色の開けた下りが好きなのだ。これは共感してくれる人も多いと思う。

駅に辿り着いたら、いつも居酒屋に繰り出す。以前は缶ビールを持って電車に乗り込んだような気がするが、少し大人になったのだろうか？

こうしてみると、40年以上もサイクリングを楽しんできたことで、自分の行動パターンができてしまっているようにも思うが、それはそれであまりおもしろくない。次回はいっそ反対のことをやってやろうと、へそ曲がり根性がムクムクと盛り上がってくる。

そうそう、先日「津軽半島」で行き損なった下北半島を走ってきた。ネット予約できる宿はほとんどなく、電話の向こうのおかみさんはまず東京にいる僕をねぎらって「暑いねぇ」と話し始めた。

JR大湊線下北駅から走り出し、かもしかラインを通って佐井村で1泊。翌日は大間崎を回って大畑から大湊駅に戻ってくるプランだ。同行のスギヤマさんは少し前のツーリングでパンク修理をしたそうなので、念のためにとスペアチューブを2本持って出た。

1時間くらい走って、スギヤマさんの後輪がパンクした。ものすごい暑さなので、日陰に移動して修理を始めた。海上自衛隊の大湊基地のそばで、近所の人が心配してくれる。「ありがとうございます、大丈夫です（自転車屋さんなので）」。前々回に修理したそのすぐ横に前回の修理跡があり、そのパッチがしっかり貼れていないのか、空気が漏れている。タイヤにパンクの原因が残っていないか確認し、スペアチューブに入れ替える。これが1回目。

しばらく走ると、また後輪がパンクだ。日陰に止める。手袋とヘルメットとカメラを地面に置き、自転車に取りつけてあるポンプを用意する。僕のポンプは45㎝もある長いやつで、1ストロークで入る空気も多い。それでも100回くらいはポンピングすることになる。バッグに入るような短いポンプの人はこんなとき大変だよね、なんて話をしながら修理する。

タイヤからチューブを取り出すときに向きを確認しておいて、チューブの穴を見つけたらその位置でタイヤに刺さった異物を確認する。ない。でも、前々回と前回とほぼ同じ位置に穴が開いている感じだ。

今度は僕が持ってきたパッチキットで穴をふさぐ。と思ったら、前回使ったゴム糊が揮発していて使えない。

初歩的なミスだ。スギヤマさんが持ってきたインスタントパッチを使う。これが2回目。

3回目になってさすがに気づいた。また同じ場所だよ！　絶対に絶対に、タイヤのどこかにパンクの原因が隠れているはずだ。場所は湯野川温泉の手前、まだ峠の上りにさえかかっていない。道路沿いの電線を伝ってサルが見物に来るがもう遊んでいる場合じゃなかった。丹念にタイヤの表と裏を目と指で探していくと、ついにガラス片が見つかった。「これだ！」。スペアチューブに交換し、走り出す。もう5時だ。峠で日没になる。電波が届くあたりで宿に連絡を入れておく。クルマはまったく通らない。完全に日が暮れると、パンク修理はかなり難しくなる。「ライトの充電はしてきた？」と尋ねると、「あ、怪しいです」とスギヤマさん。

峠には6時半に着いた。ライトを点灯して下りにかかる。すると10分ほどして僕のライトが消灯した。僕の電池のほうが怪しかったのだ。樹林のなかの下り、月は上弦まであと2日を残す三日月の夜。スギヤマさんのライト1灯で、夜道を佐井村へと下っていった。

ウニで有名な佐井村の晩ご飯は、隣町の大間のマグロも出てとても豪華なものだった。翌日は大間崎を回り、ふたり合わせて3本のスペアチューブをしっかり使い切って大湊駅に帰着。下北半島の旅もまた思い出深いものとなった。民宿みやののお母さん、お嬢さん、お世話になりました。

最後になりましたが本書の成立にあたっては天夢人の小野洋平さん、勝峰富雄（現・イカロス出版）さんに大変お世話になりました。また、編集の佐藤徹也さんとは30年以上ものおつきあいとなり、僕の拙い文章を編んでいただいています。この場を借りて心からお礼申し上げます。

本書に収められた紀行は2022（令和4）年8月から23（令和5）年3月にかけて走ったもので、費用や時刻や商品の価格などはこのときのものです。また、「輪行サイクリングの知識と基礎」にある列車の時刻なども執筆時点のものであることをお断りしておきます。

2023年10月吉日

大前　仁

著者プロフィール

大前 仁（おおまえ ひとし）

1965年10月10日、埼玉県川越市に生まれる。埼玉大学教養学部日本文化コース卒業。丸善、ポレポレ企画、山海堂、メディアハウスを経て取材・撮影・編集を業務内容とする有限会社大前事務所を設立。1994年よりツールドフランスの取材を続け、2016年にはツール取材20年の表彰を受ける。2012年10月、東京・浅草に「CYCLE TOURING オオマエジムショ」を開店、現在に至る。

山岳サイクリング研究会、日本山岳会所属。血液型はA型。

https://www.velo-apres.com

編集＝佐藤徹也　勝峰富雄　小野洋平（天夢人編集部）
DTP・地図製作＝藤田晋也
イラストレーション＝高橋 潤

# 輪行で行こう!
## 自転車と一緒にもっと遠くへ旅する

二〇二三年一一月一一日　初版第一刷発行

著　者　大前仁
発行人　藤岡 功
発　行　株式会社天夢人
〒一〇一－〇〇五一　東京都千代田区神田神保町一丁目一〇五番地
https://www.temjin-g.co.jp/
発　売　株式会社山と溪谷社
〒一〇一－〇〇五一　東京都千代田区神田神保町一丁目一〇五番地
印刷・製本　大日本印刷株式会社

◎内容に関するお問合せ先
天夢人編集部　info@temjin-g.co.jp　電話〇三－六八三七－四六八〇
◎乱丁・落丁のお問合せ先
山と溪谷社カスタマーセンター　service@yamakei.co.jp
◎書店・取次様からのご注文先
山と溪谷社受注センター　電話　〇四八－四五八－三四五五
ファクス　〇四八－四二一－〇五一三
◎書店・取次様からのご注文以外のお問合せ先
eigyo@yamakei.co.jp


Printed in Japan　ISBN978-4-635-82533-7